EDUCAÇÃO CORPORATIVA E APRENDIZAGEM

As Práticas Pedagógicas na Era do Conhecimento

Eleonora Jorge Ricardo

EDUCAÇÃO CORPORATIVA E APRENDIZAGEM

As Práticas Pedagógicas na Era do Conhecimento

Copyright © 2012 by Eleonora Jorge Ricardo

Todos os direitos em língua portuguesa reservados à Qualitymark Editora Ltda.
É proibida a duplicação ou reprodução deste volume, ou parte do mesmo, sob qualquer meio, sem autorização expressa da Editora.

Direção Editorial	Produção Editorial
SAIDUL RAHMAN MAHOMED editor@qualitymark.com.br	EQUIPE QUALITYMARK

Capa	Editoração Eletrônica
RENATO MARTINS Artes&Artistas	ARAÚJO EDITORAÇÃO

1ª Edição: 2009
1ª Reimpressão: 2012

CIP-Brasil. Catalogação-na-fonte
Sindicato Nacional dos Editores de Livros, RJ

R376e

Ricardo, Eleonora Jorge
 Educação corporativa e aprendizagem: as práticas pedagógicas na era do conhecimento / Eleonora Jorge Ricardo. – Rio de Janeiro : Qualitymark Editora, 2012.
 120 p.

 ISBN 978-85-7303-893-4

 1. Aprendizagem organizacional. 2. Ensino à distância. 3. Pessoal – Treinamento. 4. Qualificações Profissionais. I. Título.

09–3564

CDD: 658.3124
CDU: 005.963.1

2012
IMPRESSO NO BRASIL

Qualitymark Editora Ltda.
Rua Teixeira Júnior, 441
São Cristóvão - Fax: (21) 3295-9824
20921-405 – Rio de Janeiro – RJ

www.qualitymark.com.br
E-mail: quality@qualitymark.com.br
Tel: (21) 3295-9800 ou (21) 3094-8400
QualityPhone: 0800-0263311

Aquele que habita no esconderijo do Altíssimo,
à sombra do Onipotente descansará.

Direi do Senhor: Ele é o meu Deus,
o meu refúgio, a minha fortaleza e nele confiarei.

(Salmo 91, 1-2)

Dedicatória

*Em memória a
Euler Ricardo, meu pai querido,
e a
Therezinha Barbieri.*

Agradecimentos

Ao Senhor meu Deus, Supremo sobre todas as coisas, onipresente, onipotente, onisciente. Deus, tremendo é o Senhor do Impossível, que tem realizado seus prodígios em minha vida. Jeová, meu Provedor, minha Bandeira, é o Deus que me cura e me dá a vitória! Toda honra e toda glória sejam dadas ao seu Santo Nome.

À minha mãe, Arlete Jorge Ricardo, por todas as lutas e vitórias que tem enfrentado ao meu lado.

Aos meus irmãos, Enzio e Enzo.

À todas as empresas que contribuíram com esta pesquisa: Accor, Alcatel, Banco do Nordeste, Bematech, Bungue, Caixa Econômica Federal, Casa da Moeda do Brasil, Centro de Estudos Judiciários, Centro de Instrução Especializada da Aeronáutica, Correios, Empresa Bahiana de Águas e Saneamento (EMBASA), EMBRAPA, Ernest & Young, Fiat, Marinha do Brasil, Natura, Nestlé, Novartis, Santander, SENAC São Paulo, SENAI – Universidade da Indústria, SERPRO, SESC Nacional, Sulamérica Seguros, Supermercado Prezunic, TOTVS, Unilegis (Universidade Corporativa do Senado Federal), Vale, Votorantim, WEG e Xerox do Brasil.

Aos Riccardis que saíram da Itália e acreditaram que era possível começar tudo de novo, tiveram coragem e espírito de luta. Se aventuraram e conquistaram novas terras e novas possibilidades no Brasil, Estados Unidos, Argentina, Portugal e em outras terras.

Aos amigos e irmãos espirituais: Sueli, Márcia e Ozeas.

À toda equipe Qualitymark pelo empenho em todos os livros que já desenvolvemos juntos e por esta nova obra, em especial, ao senhor José Carlos!

À equipe de trabalho que atuou em prol da Educação Corporativa junto à Secretaria de Tecnologia Industrial (STI) do Ministério do Desenvolvimento, Indústria e Comércio Exterior, em especial à Diretoria de Articulação Tecnológica: Prof. José Rincon Ferreira, Márcia Antunes Caputo; Lillian Maria Araújo de Rezende Alvares; Sara Oliveira; Teresa Resende Stival e Welington Francisco dos Santos Pacheco

Aos meus alunos espalhados por este Brasil. Fé!

À Universidade do Estado do Rio de Janeiro, CEEC e Reitoria.

À professora Rosângela Zagaglia.

Prefácio

José Rincon Ferreira e Lillian Alvares

Ao abordar o tema Educação Corporativa, Eleonora incide sobre as questões relacionadas à Economia Baseada no Conhecimento. A expressão se refere ao atual sistema econômico caracterizado por atividades intensivas em conhecimento, ou seja, que usam tecnologias avançadas, mão de obra altamente qualificada, mudança tecnológica acelerada, transformações em todas as indústrias e serviços globalizados produtiva e financeiramente e altamente competitivo.

A necessidade de os trabalhadores adquirirem uma gama de novas habilidades e manterem-se continuamente adaptados a elas é o que a OCDE chama de Economia da Aprendizagem, cuja principal característica é o aumento de demanda por trabalhadores cada vez mais qualificados.

Economias intensivas em conhecimento tendem a ser mais dinâmicas em termos de aumento de produção e disponibilidade de empregos e, por isso, percebe-se um grande esforço, tanto por parte do Governo, quanto por parte do Setor Privado em investir intensivamente no capital humano do país, a fim de que esse receba novas habilidades e competências para o trabalho.

A avaliação da economia de vários países mostra que quanto mais rápida é a introdução de conhecimento na produção, maior é a demanda por capacitação. Essa situação tem trazido efeitos devastadores para aqueles sem qualificação, excluindo um grande número de pessoas do mercado de trabalho. Nesse ambiente de necessidade premente de capacitação, o processo de aprendizagem é mais do que adquirir a educação formal. É construir ambientes de aprendizagem capazes de garantir a utilização e a criação de novos conhecimentos. Nessas circunstâncias, as próprias instituições se tornam, elas mesmas, responsáveis pelo provimento do aprendizado, contínuo e estratégico.

De fato, a educação está no epicentro das economias baseadas no conhecimento, utilizando as variadas formas de aprendizado como ferramenta individual e organizacional para os avanços requeridos. Para isso, as empresas precisam inovar, utilizando novas práticas pedagógicas compatíveis, em termos de inovação, tecnologia e resultados, com a Era do Conhecimento.

A obra aqui prefaciada encerra questões relativas aos conceitos de Educação Corporativa, apontando também para projetos político-pedagógico-empresariais, tendências na educação a distância e os desafios da certificação a partir da análise de um grande número de empresas.

Para a comunidade que se dedica a compreender os processos de capacitação no ambiente empresarial, a leitura de *Educação Corporativa e Aprendizagem: As Práticas Pedagógicas na Era do Conhecimento* é essencial.

ELEONORA JORGE RICARDO

Breves Comentários

Ana Cláudia Freire Vale

Em 1989, Peter Drucker foi um dos primeiros teóricos a falar das grandes transformações que seriam demandadas nas empresas. Hoje, verifica-se que uma destas transformações se caracteriza pelo deslocamento dos tradicionais fatores de produção (terra, capital, trabalho e matéria-prima) para o conhecimento como fator decisivo de produção e sustentabilidade. Os relacionamentos de poder básico se deslocaram daqueles que produzem para os que controlam a informação e o conhecimento, que passa a ser gerador de valor.

Se os indivíduos não compartilham saberes e aprendizagens e se as organizações não possuem práticas de registro, retenção e intercâmbio de conhecimentos, pouco ou nenhum valor terá sido gerado em termos de desenvolvimento e inovação. Nesse cenário, passa a ser importante conhecer e localizar o conhecimento. Identificar e mapear os conhecimentos críticos de produção (onde se encontram e quem os domina) é um pressuposto para a sobrevivência e a perenidade da empresa.

Da mesma forma, novas relações interpessoais são exigidas. O espaço e o tempo já não podem ser limitantes para contatos e interações. O compartilhamento de conhecimentos se transforma na condição para o desenvolvimento dos negócios e das pessoas.

Sendo assim, os profissionais da sociedade do conhecimento passam a necessitar de novas competências. Já não basta se especializar, é preciso criatividade, proatividade e espírito investigativo. É preciso "pensar em rede", ativar contatos, trabalhar cooperativamente, produzir coletivamente.

Para tanto, a educação corporativa necessita, também, de buscar novos paradigmas que rompam com modelos tradicionais de desenvolvimento dos colaboradores. É preciso implementar práticas pedagógicas que ampliem as possibilidades de aprendizagem, que favoreçam a inclusão social e a atuação cidadã dos empregados inseridos nos processos produtivos, da gestão à operação.

Esta obra, cuidadosamente elaborada pela Profª Eleonora, atende a todas essas perspectivas, apontando para as possibilidades e formas de a educação corporativa implementar práticas pedagógicas alinhadas às demandas da Era do Conhecimento.

Sumário

1. Educação Corporativa: Novos Rumos na Educação do Trabalhador 1
   1.1. As Empresas Investem em Educação 5
   1.2. Como as Empresas Aprendem na Era do Conhecimento 8
   1.3. Uma Nova Pesquisa sobre Educação Corporativa: As Práticas Pedagógicas 12
      1.3.1. Detalhes da Pesquisa 13

2. A Prática Pedagógica na Era do Conhecimento e o Projeto Pedagógico Empresarial 25
   2.1. Entre as Intenções e as Linhas Pedagógicas 32
      2.1.1. O PPP e as Contribuições de Paulo Freire à Educação de Adultos nas Empresas 38
   2.2. O Caso Unise – A Universidade Corporativa do Sistema Eletrobras 40

3. Educação a Distância: A Autoria e a Construção do Conhecimento 45
   3.1. Contribuições da Educação ao Processo de Criação 50
   3.2. Contribuições do EAD à Criação e Autoria 57
      3.2.1. Ambientes Virtuais de Aprendizagem 58
      3.2.2. Editores de Textos Cooperativos 59
      3.2.3. O Hipertexto 62
   3.3. As Práticas Pedagógicas Promotoras da Autoria e da Criação 70
   3.4. O Caso Marinha do Brasil 72

4. Certificação: Desafios das Universidades Corporativas 75
   4.1. A Certiificação no Mercado Comum Europeu e
        o Caso Espanhol 80
   4.2. Certificação, Práticas Pedagógicas e PPP 85

5. Conclusões 89

Referências Bibliográficas 93

Prelúdio

Rompendo com a Pedagogia da Omissão: Do Silêncio à Ação

A decisão de escrever este livro nada mais é do que o reflexo de tantas inquietações que nos mobilizaram, e ainda excitam, intelectualmente, nossos pensamentos sobre Educação.

Iniciamos, em um pequeno caderno, o rascunho de um texto que estava transitando e que precisava aflorar. Saímos do silêncio. Essas linhas surgiram a partir de nossas ponderações em torno da pedagogia da omissão e seus reflexos na vida cotidiana. A sua prática na sociedade acontece em diferentes segmentos, inclusive nas escolas, nas universidades e no espaço do trabalho. Por isso, consideramos salutares as ações de resistência às limitações que esta pedagogia impõe ao ato criativo.

Para Morin (2006), o cenário da globalização requer da educação um novo olhar sobre a construção do conhecimento, não mais uma cabeça cheia de conteúdos desconexos, e, sim, uma cabeça bem feita, capaz de responder aos desafios da Era do Conhecimento. Por essa razão, o aluno deve ser estimulado a desenvolver o espírito investigativo, pronto para questionar os problemas de uma sociedade complexa, cujas certezas são abaladas pela velocidade com que as tecnologias de informação e comunicação as torna obsoletas.

Pensar a prática educacional, o exercício docente, ou aquele que pleiteia exercê-la, é um desafio para aqueles que questionam a profissão e os percalços deste caminho. Para Freire (1997), ensinar é uma atividade profissional e, como tal, requer do professor uma prática amorosa na sua relação com o aluno. Para isso, é necessário que o professor invista no seu próprio processo criativo e construa uma ação educacional que permita uma inter-relação com o educando capaz de promover a troca de saberes.

É emergencial, na relação professor-aluno, o respeito ao currículo pessoal do educando, considerando suas experiências, sua cultura, o seu fazer cotidiano, enfim, todas as suas relações com o mundo, promovendo situações de aprendizagem capazes de fomentar, no indivíduo, a construção do pensamento crítico em relação a seu contexto histórico e social. Despertar, por exemplo, o indivíduo para a leitura é descortinar o mundo através da palavra, é torná-lo capaz de compreender sua realidade.

Hoje, o discurso que transita em todas as mídias é o de que as tecnologias de informação e comunicação irão mudar a Educação, por tornarem mais acessível, ao educando, a construção do conhecimento, facilitando o contato com a informação. As promessas de aulas interativas, com professores mais modernos e *cyber*-alunos altamente conectados, podem ser estratégias de ocultação da verdadeira situação em que se encontra o cenário educacional: alunos que não sabem interpretar textos e refletir sobre quais são as mensagens contidas nos códigos de comunicação; jovens e adultos com dificuldades de problematizar situações da vida diária, por fim, podemos intuir que a geração Internet pode-se tornar vítima de práticas educacionais obsoletas, apesar das mais modernas tecnologias. Por essa razão, questionamos se a tecnologia de fato irá cumprir com essa tarefa árdua. Será que a tecnologia é capaz de superar a pedagogia da omissão?

Antes de tudo, acreditamos que ao despertar o educando para o seu cotidiano, com suas lutas e adversidades, o educador o estimula à superação de suas limitações. De maneira amorosa e com atitudes de incentivo, o educador poderá instigar a busca de soluções criativas e alternativas que permita uma ação transformadora em relação aos cenários que se apresentam no dia a dia do educando. E aí, sim, mudando as práticas, as tecnologias podem auxiliar neste processo de conquista de autonomia, felicidade, justiça e igualdade social.

ELEONORA JORGE RICARDO

Cremos que quando Freire refletia sobre a prática educacional e suas possibilidades de contribuição para a libertação do homem dos empecilhos à sua capacidade criadora, certamente, a percepção histórica, social, cultural, política e econômica de seu tempo, se confrontava com um cenário de uma educação desmantelada, injusta e, ao mesmo tempo, reprodutora de um *status quo*, no qual os que tinham vantagens logravam mais e mais e os que eram pobres permaneciam cada vez mais pobres.

O legado de Paulo Freire é tão atual que incita milhares de professores a se oporem e a sobreviverem às dificuldades que surgem, ainda, hoje: salas de aula repletas, salários incompatíveis com as necessidades de um educador, alunos desestimulados, tudo o que já fazia parte do contexto dos anos 60 e 70.

Este é um país que transita entre o acarajé e o chimarrão, a fome e a fortuna, a tecnologia de ponta e as crianças de pés no chão, tantos povos, tantas cores, miscelâneas, é a busca de uma identidade. É necessário reagir e romper com essa pedagogia que nega ao educando a sua autonomia, sua capacidade de refletir e criticar. É importante sair da sala de aula tradicional e pensar em outros espaços possíveis para a aprendizagem, e isso, inclui o chão de fábrica. Quem pode dizer que somente na escola ou na universidade é que se constrói o conhecimento?

Há aqueles que se dizem educadores e que fazem parte de um pacto com a pedagogia da omissão. São cúmplices aqueles, cujos títulos os fazem detentores de uma suposta verdade acadêmica, são os que se omitem diante das dificuldades de leitura e escrita de muitos alunos e os silenciam quando apresentam uma visão diversa sobre a vida e o mundo.

A pedagogia da omissão é perversa, má, prima-irmã da pedagogia do oprimido. Ela é capaz de gerar pessoas incapazes de pensar, de criar, de contestar, até mesmo de apresentar respostas a problemas cotidianos. Esses indivíduos são vítimas daqueles que hoje se revestem de uma imagem de educadores democráticos, pois é bom dizer que é democrático. Mas, no fundo, compactuam com o continuísmo de uma sociedade marcada, demarcada, onde somente aqueles que possuem continuam a possuir, e aqueles que buscam voos mais altos precisam lutar com afinco contra a maré.

Temos que alimentar o desejo contínuo de mudar, não podemos nos conformar, formar, ou deformar aqueles que confiam e esperam que, como professores, sejamos capazes de mostrar aos nossos educandos possibilidades e alternativas para que descortinem o mundo.

Não poderíamos iniciar este livro sem que fizéssemos uma referência aos anseios de milhares de alunos dos cursos de Pedagogia que, como nós, querem apenas realizar o seu trabalho pedagógico em múltiplos campos, inclusive nos espaços não-escolares, o que engloba a empresa como ambiente de aprendizagem.

Equivocadamente, alguns profissionais da Educação afirmam que a empresa não é um espaço educacional. Contudo, Freire nos remete à ideia de que estamos sempre aprendendo uns com os outros em diferentes lugares. Por essa razão, é possível pensar na construção do conhecimento no trabalho cotidiano. Não podemos pensar nas empresas como inimigas. Devemos questionar suas relações trabalhistas, criticar os esquemas de produção e lutar juntos para que cada trabalhador tenha seus direitos respeitados.

O encontro entre a escola e a empresa é necessário. A escola precisa estimular o espírito inventivo, questionador e criativo do aluno e, por outro lado, a empresa precisa aproveitar os talentos e ampliar as possibilidades desse indivíduo na organização, proporcionando, inclusive, novas situações de aprendizagem. A dicotomia empresa-escola pode ser proveitosa para que ambas revejam seus papéis e possam construir, conjuntamente, propostas educacionais compatíveis com os anseios da sociedade, sobrepujando a suposta separação entre educação e trabalho.

ELEONORA JORGE RICARDO

1
EDUCAÇÃO CORPORATIVA: NOVOS RUMOS NA EDUCAÇÃO DO TRABALHADOR

Hoje, falamos tanto da globalização e, ao mesmo tempo, temos tanto medo de seus efeitos, a tratamos como uma "ameaça", com um olhar de estranhamento, mas, no entanto não nos aprofundamos no que ela representa em nosso cotidiano.

Morin (2009) nos esclarece o fato de já termos vivenciado diferentes tipos de globalização e sofrido seus distintos efeitos, tanto positivos como negativos. Esse pensador, planetário, esclarece que a globalização é um fenômeno que, na verdade, teve início no século XVI. A existência de grupos oprimidos também não é novidade. Na Europa de Bartolomeu de las Casas e de Montaigne, os índios, por exemplo, eram tratados com menosprezo, pois a Igreja Católica propagava a ideia de que se tratavam de bárbaros e, portanto, não possuíam alma.

Durante o "Século das Luzes", passamos por outro momento de globalização. Surgiram os conceitos de progresso e conhecimento racional, a desmistificação da superstição e o nascimento do pensamento científico. Pensadores como Rousseau e Kant marcaram, definitivamente, esse momento histórico, que exerceu

> [...] vasta influência sobre a vida política e intelectual da maior parte dos países ocidentais. A época do Iluminismo foi marcada por transformações políticas, tais como a criação e consolidação de estados-nação, a expansão de direitos civis e a redução

da influência de instituições hierárquicas como a nobreza e a Igreja. [...] Forneceu boa parte do fermento intelectual de eventos políticos que se revelariam de extrema importância para a constituição do mundo moderno, tais como a Revolução Francesa, os diversos movimentos de emancipação nacional ocorridos no continente americano a partir de 1776. [...]Muitos autores associam ao ideário Iluminista o surgimento das principais correntes de pensamento que caracterizariam o século XIX, a saber: liberalismo, socialismo, e social-democracia (Wikipédia, 2009).

Um expoente do Iluminismo foi Descartes. Ele escreveu o Discurso do Método, editado em 1637, delineou os princípios do método científico para a busca da verdade, colocando a dúvida como elemento necessário ao processo de construção do pensamento crítico e racional. Em contraposição ao pensamento positivista e linear, Morin (2009) nos instiga na atualidade propondo a reforma do pensamento, transcendendo a concepção de que as ciências estão organizadas em disciplinas, sem interlocução, isoladas em caixas, sem utilidade na vida prática.

> A noção de homem está fragmentada entre diversas disciplinas das ciências biológicas e entre todas as disciplinas das ciências humanas: a física é estudada por um lado, o cérebro por outro, e o organismo, por um terceiro, os genes, a cultura etc. Esses múltiplos aspectos de uma realidade humana complexa só podem adquirir sentido se, em vez de ignorarem esta realidade, forem religados a ela. Com certeza, não é possível criar uma ciência do homem que anule por si só a complexa multiplicidade do que é humano (Morin, 2006, p. 113).

Morin (2006, p. 115), a partir da compreensão da complexidade humana e junção da cultura humanista e da cultura científica, sugere com o pensamento complexo ultrapassarmos a interdisciplinaridade e alcançarmos a transdisciplinaridade, até ecologizarmos as disciplinas, "isto é, levar em conta tudo o que lhes é contextual, inclusive as condições culturais e sociais, ou seja, é ver em que meio elas nascem, levantam problemas, ficam esclerosadas e transformam-se".

O pensamento complexo é uma das formas de tentar entender essa sociedade em frenética mutação, que precisa se renovar a cada segundo. O mundo impactado com as constantes transformações e inovações tecnológicas não é o mesmo. Assiste-se, hoje, à clonagem de animais, à pesquisa em torno do DNA para cura de doenças, ao avanço da biotecnologia rumo à criação de formas que transitam entre o humano e a máquina. Somos testemunhas de uma realidade em ebulição, na qual encontramos, inclusive, máquinas com funções humanas.

De acordo com Dreifuss (2000, p.17):

> durante séculos, ou milênios, o esforço criativo se concentrou na complementação e ampliação da capacidade manual e locomotiva do ser humano, além de buscar a reprodução, aumento e substituição (em forma de objeto, máquina ou sistema) da capacidade muscular e das possibilidades de articulação da sua estrutura física. Hoje, o esforço se concentra na reprodução (em equipamentos) dos sistemas visual e nervoso humanos e da capacidade física de pensar, além da réplica (intangível) das condições aproximadas de funcionamento e performance do cérebro e da memória. Embora continuemos sem saber, de fato, como a inteligência funciona.

Defrontamo-nos com a notícia aqui e agora: o "11 de setembro" nos evidenciou a instantaneidade da informação. O planeta conectado assistiu à morte de milhares de pessoas, mesmo antes de essa informação chegar aos jornais. A rápida divulgação das informações também se expressa na moda e na arte; e estas já não são as mesmas, pois o digital[1] abriu no-

---

[1] Para Costa (2002, p. 17), "o digital carrega uma série de conotações, entre elas não se poderia deixar de mencionar o acúmulo de dados, a possibilidade de manipulação de informações e, sobretudo, a ampliação de nossa participação e comunicação nos mais variados aspectos".

vas perspectivas, na medida em que as relações sociais e de saber se dão no ciberespaço.[2]

Para enfrentar essa realidade, é necessário um homem capaz de reinventar a si próprio e de utilizar sua inteligência e potencial inventivos para fazer frente à explosão tecnológica que invade os mais diferentes setores da vida humana. Em outras palavras, é preciso que o homem desenvolva seu poder de criar, pensar, refletir, criticar e organizar o pensamento.

É preciso um novo homem, não mais centrado no paradigma da produção mecânica, em série ou fragmentada; as demandas, hoje, são diferentes. É preciso estar conectado, fazer parte de múltiplas conexões, interagir e compartilhar em rede as tarefas e a resolução de problemas, entender a diversidade cultural, enfim, esta é uma sociedade que requer vivenciar a coletividade.

Esse espírito de agrupamento é reforçado pelas tecnologias de informação e comunicação, pois a cada dia, no virtual, é possível estar junto ao outro, apesar das distâncias. Vivemos hoje a oportunidade de experimentar a inteligência coletiva com suas características sociais, culturais, políticas, econômicas (Lévy, 2000). Talvez, antes, não tivéssemos a oportunidade de construir e compartilhar o conhecimento simultaneamente uns com os outros.

Neste cenário arrebatador, em que a complexidade e a coletividade marcam um novo patamar da evolução da sociedade, tanto a escola como a universidade e a empresa precisam redescobrir seus valores e finalidades, pois, em conformidade com Morin (2006, p. 62), dentro do contexto da Sociedade do Conhecimento "todo o nosso ensino tende para o programa, ao passo que a vida exige estratégia".

---

[2] De acordo com Lévy (1999, p.17), o ciberespaço é o novo meio de comunicação que surge da interconexão mundial dos computadores. A expressão especifica tanto a infraestrutura material da comunicação digital como o universo oceânico de informações que ela abriga, assim como os seres humanos que navegam e alimentam esse universo.

Para Román Pérez (2005, p.19), "a Sociedade do Conhecimento reclama a refundação da escola", pois o modelo de uma educação reprodutora, centrada em conteúdos e disciplinas, que ainda existe, serviu aos ideais e exigências da primeira e da segunda revolução industrial, mas não atende às demandas do momento atual. A nova escola precisa reaprender a ser e descobrir-se como criadora de conhecimento.

> Dentro desta perspectiva, afirmamos que as crianças podem aprender e os jovens igualmente, e os adultos, também, e as instituições educacionais, inclusive. E quem não aprende, envelhece, e psicologicamente morre por inadaptação a estes tempos de transformações profundas (Román Pérez, 2005, p. 37 – **tradução nossa**).

Com relação às empresas, os esforços são inúmeros para enfrentar esse mercado instável, que oscila entre as altas e baixas das bolsas de valores, sobreviver às crises econômicas e ao desaparecimento de impérios consolidados.

Antigas e novas organizações precisam aprender a aprender. Não há mais espaço para factóides e propagandas enganosas, só há espaço para a constituição ética de uma nova forma de competir e de se estabelecer.

1.1. AS EMPRESAS INVESTEM EM EDUCAÇÃO

Se Morin (2006) e Lévy (2000) nos expõem a importância do coletivo e de novas formas de pensar e construir o conhecimento nos dias de hoje, Peter Drucker complementa ao enfatizar que o futuro das organizações e nações depende, cada vez mais, de sua capacidade de aprender coletiva e comprovadamente dos trabalhadores do conhecimento. O valor que estes indivíduos passam a ter para as empresas também é defendido por Hargreaves (2004) ao assegurar que a sociedade do conhecimento é uma sociedade de aprendizagem, que depende para o seu bem-estar econômico e para sua inovação da capacidade de aprender dos trabalhadores.

Faz alguns anos que acompanhamos as ações promovidas pelas empresas no campo da educação do trabalhador e percebemos que são muitas as preocupações que mobilizam as organizações para o desenvolvimento das competências estratégicas de seus colaboradores. Com as leituras de diferentes pesquisas e artigos publicados, contendo as falas de gestores de RH, apreendemos que a aprendizagem nas empresas tem diferentes objetivos. Ela pode representar o aumento da capacidade de competir, a superação de suas fragilidades, a estabilidade frente às turbulências do mercado, enfim, ela pode assumir valores distintos para cada organização.

Há quatro anos analisamos as pesquisas desenvolvidas pela Você S.A./Exame para o Guia das 150 Melhores Empresas para Você Trabalhar, ou seja, desde 2005 (apesar de a publicação existir desde 1997). Quando avaliamos o estudo pela primeira vez, percebemos o impacto que os investimentos em educação surtiam na satisfação do trabalhador em relação à empresa. As próprias organizações também a adotam como *feedback* de suas ações.

Na publicação de 2005, o Guia das 150 Melhores Empresas para Você Trabalhar mostrou que um dos fatores que contribuem para o desenvolvimento pessoal do trabalhador é o investimento na sua educação. Naquele momento, este dado aparece na pesquisa sem qualquer ênfase especial. A satisfação do trabalhador aparecia como fator que contribuía para a retenção de talentos na empresa. No ano de 2005 o destaque foi para a Promon, por seus investimentos em capacitação.

Em 2006, a pesquisa apresentava um *ranking* das 10 melhores no item educação, onde as três primeiras foram: Landis+Gyr, KBH&C Tabacos e Amil – Brasília. O interessante do estudo, neste ano, foi a inclusão da educação como critério do Índice de Qualidade na Gestão de Pessoas (IQGP), adotado naquele momento pela Você S.A./Exame, para análise dos resultados da pesquisa.

ELEONORA JORGE RICARDO

Já em 2007, a Exame buscou o modelo de gestão exemplar para empresas complexas. Foram consultadas dentre as 150, quatro empresas, das quais somente duas focaram o investimento em treinamento como uma estratégia para lidar com seus desafios: gerenciar colaboradores espalhados em diferentes sucursais, faturamentos astronômicos e um grande número de clientes. Neste caso se destacaram: a Accenture e a Braskem. Outro *ranking* foi elaborado neste ano tendo a educação como critério de qualidade e satisfação do trabalhador. Neste o destaque foi para o CITI, seus investimentos em educação a distância propulsionam grande parte das suas ações.

Em 2008, a pesquisa sobre as 150 mostrou o crescimento dos investimentos em educação do trabalhador, que ocorreu de forma mais significativa. O estudo demonstrou que "entre 2007 e 2008, cerca de 95% das melhores empresas adotaram algum modelo de educação corporativa para apoiar o desenvolvimento pessoal e profissional de seus empregados" (Você S.A./Exame, 2008, p. 19).

O crescimento de ações educacionais direcionadas ao trabalhador se deve ao fato de as empresas compreenderem que aprender é o grande diferencial no mercado.

Como Senge (2004, p. 38) mesmo afirma, "as organizações que realmente terão sucesso no futuro serão aquelas que descobrirem como cultivar nas pessoas o comprometimento e a capacidade de aprender em todos os níveis da organização". Não basta a empresa desembolsar recursos, é preciso comprometimento verdadeiro com a aprendizagem do trabalhador.

Outras pesquisas realizadas demonstram o crescimento dos investimentos na educação do trabalhador. A Associação Brasileira de Treinamento e Desenvolvimento e a Mudanças Organizacionais e Treinamento (MOT) publicaram uma pesquisa realizada em 2007 e revelaram que instituições com 200 e até 500 funcionários investem em processos de educação continuada, dedicando em média 148 horas anuais a cada empregado em programas de pós-graduação, MBAs internos, programas de desenvolvimento de liderança e cursos de média duração.

O Ministério do Desenvolvimento, Indústria e Comércio Exterior, pela Secretaria de Articulação Tecnológica (MDIC/STI) também realizou alguns estudos em torno dos investimentos na educação do trabalhador, especificamente junto às UCs. O relatório de pesquisa de 2004, produzido por Aguiar, demonstrou que os custos com as ações de educação corporativa são praticamente exclusivos ou quase totalmente financiados pelas organizações. A análise mostrou a intenção das corporações em investirem cada vez mais em ações educacionais, expandindo-as às famílias de seus colaboradores e a toda cadeia produtiva.

Em 2006, o MDIC/STI realizou nova pesquisa. Os resultados sinalizaram o crescimento da educação corporativa naquele momento, no Brasil, com aproximadamente 100 Universidades Corporativas (Aguiar, 2006). Éboli, hoje, já sinaliza a existência de 250 UCs em nosso país (Veja, 2009), todavia precisa ser visto de perto, pois muitas empresas usam o título de UCs, mas não o são. Em 2007, produzimos um novo relatório de pesquisa para o MDIC/STI, onde constavam as iniciativas de organização de projetos pedagógicos para o setor de energia elétrica e os avanços em torno da certificação do trabalhador na União Europeia (Ricardo, 2007). Mais adiante, iremos comentar sobre esse relatório, que considero elucidativo para que algumas ações sejam mais aprofundadas.

1.2. COMO AS EMPRESAS APRENDEM NA ERA DO CONHECIMENTO

Discorremos tanto sobre a aprendizagem nas organizações como na importância dos investimentos no desenvolvimento do capital humano nas empresas. Contudo, não podemos deixar de esclarecer que as empresas estão transitando do antigo paradigma de treinamento para um novo paradigma centrado na educação corporativa.

Talvez um novo estado de consciência esteja permitindo às organizações entenderem que o treinamento, com suas especificidades, já não é mais suficiente para que elas enfrentem os dilemas desta sociedade tão conturbada.

No Brasil, começamos a perceber um novo movimento para sairmos do marasmo dos treinamentos (direcionados para situações transitórias), substituindo-os por planejamentos de educação continuada e desenvolvimento de competências. Mas, na prática, o que está acontecendo?

Bem, Meister (1999) elaborou um verdadeiro tratado conceitual e prático sobre a educação corporativa. Ao traçar um breve histórico das Universidades Corporativas (UCs), rememorou a fundação da Crotonville em 1955 pela General Eletric, a expansão nos anos 80 das UCs e a explosão de 400 para 2.000 Universidades Corporativas nos Estados Unidos. Hoje, são mais de 3.000 UCs e em 2010 deverá ultrapassar 4.000.

Teoricamente, Meister fez uma distinção entre treinamento e educação corporativa, setores de treinamento e universidades corporativas. Essas diferenças são esclarecedoras e nos ajudam um pouco a entender o fenômeno no Brasil.

Primeiro, Meister (1999) destaca, claramente, sete pontos que diferenciam o treinamento da educação corporativa: local, conteúdo, metodologia, público-alvo, corpo docente, frequência e meta. Na verdade, ao situar estes diferenciais, o que ela pretende mostrar é que a educação corporativa pode ocorrer em qualquer lugar, aplicando conteúdos que desenvolvam competências direcionadas aos negócios da empresa.

As atividades de educação corporativa são amplas e englobam toda a cadeia produtiva. Os professores (dinamizadores ou multiplicadores) podem ser os próprios funcionários, professores universitários ou consultores externos. A concepção de educação continuada é adotada pela empresa.

Enquanto a educação corporativa tem uma proposta de educação mais global, o treinamento, ao contrário, é limitado a um determinado espaço físico específico (Meister, 1999). Ele está comprometido apenas com os funcionários; os conteúdos são, na grande maioria, de consultores e professores contratados, tendo atividades pontuais, direcionadas a propagar técnicas e desenvolver a qualificação dos indivíduos.

Estas características estão distantes de uma proposta de aprendizagem direcionada para a solução de problemas e a aplicabilidade no trabalho no cotidiano.

Essas diferenças mostram que há uma mudança de paradigma, de fato. A concepção de departamento/setor de treinamento se tornou obsoleta, dando vez ao modelo de Universidade Corporativa por esta promover uma educação a qualquer hora e em qualquer lugar, desenvolver competên-cias, ações centralizadas, com uma proposta educacional proativa e estratégica, elevada ao *status* de unidade de negócio, produzindo recursos para a empresa e, principalmente, comprometida com o desempenho do trabalhador.

No Brasil, as interpretações e adaptações à nossa realidade prática mostram que há empresas que adotam alguns conceitos de EC, e não criam estruturas de Universidades Corporativas ou adotam tecnologias para educação a distância. Em outras situações, há aquelas que informam ter estruturas de educação corporativa, mas apenas estão funcionando como setores/departamentos de treinamentos (Afrânio, 2006).

Existem, realmente, empresas que entraram, de cabeça, em projetos educacionais e criaram universidades, escolas e institutos corporativos. Mais adiante, vamos conhecer algumas delas.

Para reforçar a importância da educação corporativa, Meister (1999) nos chama atenção ao salientar que a Universidade Corporativa é um processo e não apenas uma estrutura física, seu dever é auxiliar na gestão de trabalhadores capazes de criar e gerenciar oportunidades de negócio ou mesmo prontos a enfrentar processos de internacionalização das empresas. O desafio das UCs ou de qualquer unidade de educação corporativa é unir negócios e educação a uma visão crítica e reflexiva do ato pedagógico e da aprendizagem.

No sistema de informações sobre educação corporativa do MDIC/STI (Figura 1) é possível encontrar uma relação de empresas que adotam EC; resultados de pesquisa e divulgação das Oficinas de Educação Corporativa promovidas pelo Ministério. Tivemos a oportunidade, como especialista visitante do CNPq, de participar da estruturação deste sistema que, ainda, inclui um conjunto de textos sobre estudos realizados dentro deste campo.

1. Educação Corporativa: Novos Rumos na Educação do Trabalhador

Figura 1 – Sistema de Informações Sobre Educação Corporativa MDIC/STI.

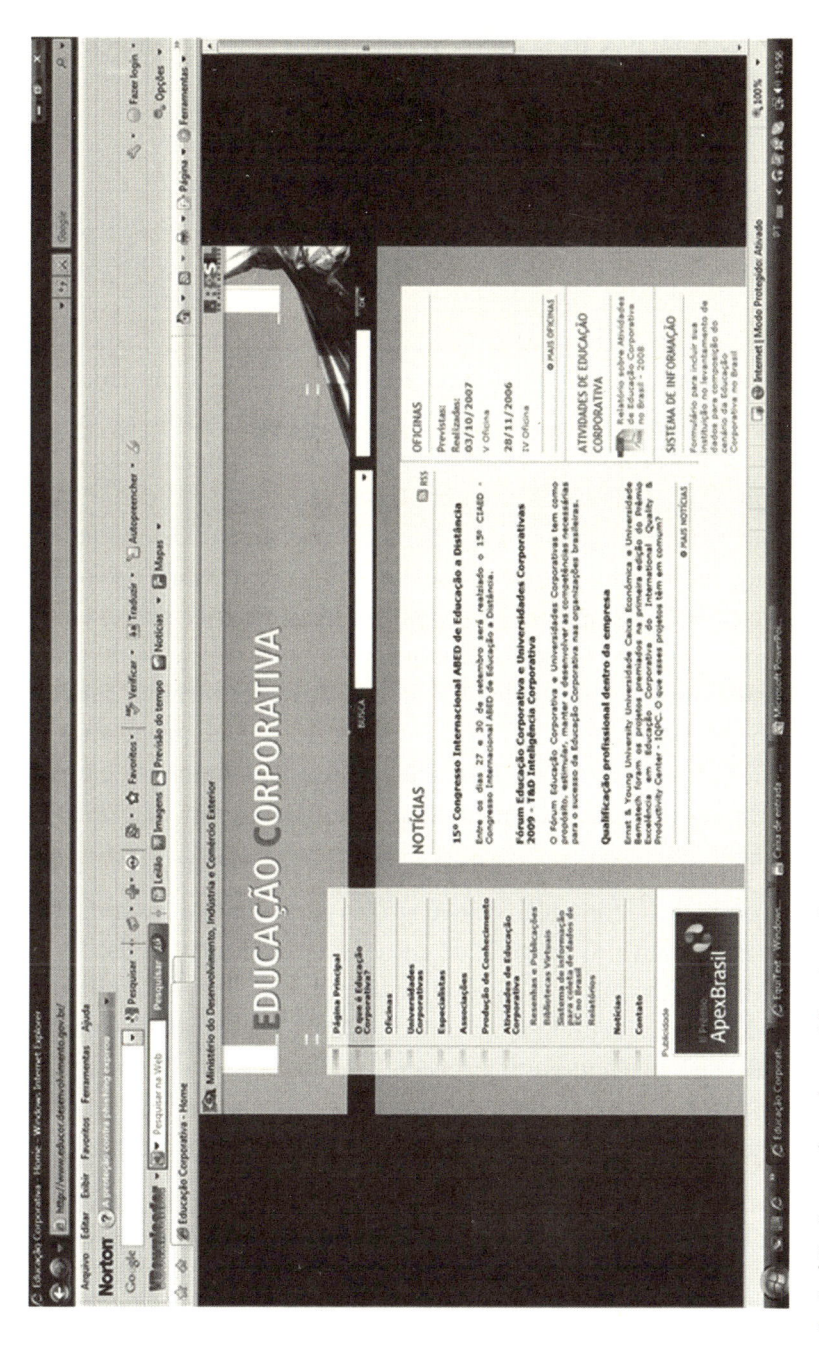

Fonte: http://www.educor.desenvolvimento.gov.br

1.3. UMA NOVA PESQUISA SOBRE EDUCAÇÃO CORPORATIVA: AS PRÁTICAS PEDAGÓGICAS

Por meio de nossas pesquisas sobre a produção em torno da Educação Corporativa, concluímos que há uma carência de literatura que verse, especificamente, sobre a construção da prática pedagógica nas empresas. Grande parte dos estudos é produzida pelos cursos de pós-graduação (mestrado e doutorado) em Engenharia de Produção, Administração ou mesmo Ciência da Informação e trata de outros aspectos, como, por exemplo, inovação, mas não aprofunda, especificamente, nas ações pedagógicas. Um bom exemplo de uma extensa produção de pesquisas na área é do Programa de Pós-Graduação em Engenharia de Produção da Universidade Federal de Santa Catarina.*

São insuficientes os estudos gerados nos Mestrados e Doutorados em Educação sobre educação corporativa, e isto se deve a uma carência de Doutores e de linhas de pesquisa que possibilitem análises sobre a temática. É preciso, no aprofundamento de questões sobre a educação do trabalhador, aliar análises sobre as atividades de educação corporativa dando atenção ao aspecto pedagógico, a fim de entendermos ou até proporcionarmos políticas, metodologias, tecnologias, formação de recursos humanos e outras ações que, em vez de se limitarem à crítica, construam propostas efetivas.

O próprio relatório do MDIC/STI (Afrânio, 2004, p. 47), também expõe a carência de formação de pedagogos para atuarem em projetos de educação corporativa. Uma série de entrevistas semiestruturadas foi realizada pelo Ministério junto a um grupo de empresas, sobre determinados temas. Uma delas foi feita junto a um especialista da Universidade Corporativa da EMBRATEL que endossou a necessidade do mercado de pedagogos "mais capacitados para trabalhar com metodologias alternativas, para trabalhar com novos modelos e para nos ajudar a conhecer o cenário".

A carência de pedagogos especializados para a demanda empresarial é evidente, e o que precisamos é instrumentalizar esses e outros profissio-

---

* http://aspro02.npd.ufsc.br/pergamum/biblioteca/index.php?resolution2=1024_1

nais para que possam desempenhar bem suas tarefas. Então, em função da necessidade de uma literatura e de pesquisas que tracem o panorama fundamentado das práticas pedagógicas, tomamos a decisão de dedicar esta obra ao estudo focado nas Universidades Corporativas.

Durante quase oito meses mantivemos contato com várias organizações para realizar a pesquisa sobre as práticas pedagógicas. Não foi uma tarefa fácil. Contamos com o apoio do MDIC/STI para enviar um questionário às empresas, indagando sobre suas ações educacionais.

Partimos, simultaneamente, para o corpo a corpo com muitas instituições e conseguimos, no total, trinta e dois respondentes, dentre cinquenta empresas consultadas. As questões englobavam o perfil dos profissionais envolvidos na operacionalização da educação corporativa, o nível de formação dos trabalhadores, o valor de um projeto pedagógico, o uso da educação a distância, avaliação e certificação dos trabalhadores. Optamos, então, por realizar uma abordagem quantitativa e qualitativa para a análise dos resultados (Alves-Mazzotti, 2001).

Temos certeza de que não iremos esgotar o assunto, mas iniciar a discussão. Seguramente, a partir deste passo, vamos realizar uma segunda etapa da pesquisa e, como consequência, uma nova publicação.

1.3.1. Detalhes da Pesquisa

As instituições que concordaram em fazer parte da pesquisa o fizeram a título de colaborar para que tenhamos um delineamento das ações educacionais realizadas pelas Universidades Corporativas, demonstrando que, de fato, estão prontas para esta nova sociedade em que o compartilhar é fundamental para crescer.

Comprometemo-nos a divulgar os dados globais e respeitar as empresas em suas particularidades, e este foi um processo ético que construímos coletivamente por respeito às atividades realizadas pelas organizações, mantendo-as resguardadas sem colocar em risco o estudo. Portanto, à luz de uma base teórica que alicerçou nossa dissertação de mestrado e a confecção de relatórios de pesquisa e outros estudos, procedemos à análise dos dados.

Aceitaram e participaram da pesquisa as seguintes instituições: Accor (Ticket), Alcatel, Banco do Nordeste, Bematech, Bungue, Caixa Econômica Federal, Casa da Moeda do Brasil, Centro de Estudos do Legislativo, Centro de Instrução Especializada da Aeronáutica, Correios, Empresa Bahiana de Águas e Saneamento (EMBASA), Embrapa, Ernst & Young, Fiat, Habib's, Marinha do Brasil, Natura, Nestlé, Novartis, Santander, SENAC São Paulo, SENAI – Universidade da Indústria, SERPRO, SESC Nacional, Sulamérica Seguros, Supermercados Prezunic, TOTVS, Unilegis (Universidade Corporativa do Senado Federal), Vale, Votorantim, WEG e Xerox do Brasil.

As Universidades Corporativas selecionadas estão em um grau de amadurecimento que nos permite estudá-las e, com isto, vislumbrar alguns encaminhamentos que estão sendo adotados por essas organizações.

Para identificar melhor as empresas e suas UCs, destacamos os seguintes pontos:

- A Ernst & Young University (EYU) recebeu o Prêmio da CUBIC *Awards* Brasil de 2009 como a Melhor Universidade Corporativa; a Caixa Econômica Federal foi premiada em segundo lugar e a Bematech em terceiro. A premiação é realizada pelo *International Quality & Productivity Center* (IQPC). Em 2009 foi a primeira edição do prêmio no Brasil.

- Unilegis – Universidade do Legislativo Brasileiro (Senado Federal) – tem como objetivo contribuir com o processo de integração e modernização dos parlamentos brasileiros, nas esferas Federal, Estadual e Municipal. Os cursos Administração Legislativa, Ciência Política, Comunicação Legislativa e Direito Legislativo foram avaliados pelo MEC e tiveram nota máxima em todos os critérios.

- As empresas pesquisadas Accor (Ticket), Alcatel, Banco do Nordeste, Bungue, Caixa Econômica Federal, Casa da Moeda do Brasil,

EMBASA, Fiat, Santander, Sulamérica Seguros, Natura, Nestlé, TOTVS, Vale, Votorantim, Weg e Xerox são destaques no cenário econômico por suas práticas, publicamente, reconhecidas. Estão entre as maiores e melhores empresas da revista Exame. No Guia de 2008 essas empresas tiveram destaque especial, seja pelo desempenho financeiro, bens de capital, receita, vendas, geração de riqueza, enfim, são instituições com práticas consolidadas no mercado e que se destacam pelo impacto que promovem no cenário econômico.

- Participaram da pesquisa das Melhores empresas para você trabalhar da Exame/Você S.A.: Accor (2005, 2006, 2007 e 2008), Bungue (2005, 2006), Ernst & Young (2006), Natura (2005, 2006 e 2007), Nestlé (2006), Weg (2005, 2006 e 2007) e Xerox (2005, 2006, 2007).

- As empresas Datasul (2005, 2006 e 2007) e TOTVS Logocenter (2007) participaram da pesquisa das melhores empresas para você trabalhar. Ambas foram adquiridas pelo Grupo TOTVS e hoje são a TOTVS. A empresa já recebeu o prêmio *e-Learning* Brasil 2005 na categoria Gold Corporativa, e conquistou o prêmio Referência Nacional em *e-Learning* por cinco anos consecutivos (2003 a 2007). Ela é uma das maiores empresas de tecnologia do Brasil e do mundo.

- As ações educacionais da Marinha, da Aeronáutica e do próprio Exército são direcionadas para o desenvolvimento de estratégias e inteligência fundamentais, que garantem a segurança e soberania do país.

- Do ponto de vista histórico, assim como a Marinha, o Exército e a Aeronáutica possuem funções essenciais para o país, de igual forma o Sistema S, representado na pesquisa pelo SENAC São Paulo e pelo SENAI com a Universidade da Indústria – Unindus, e SESC Nacional. O SENAC São Paulo realiza a educação profissional para o mercado, mas cuida, também, da educação de seus colaboradores. A Unindus é a única universidade corporativa direcionada para o desenvolvimento industrial no Brasil. E o SESC Nacional desenvolve programas educacionais, tanto para seus colaboradores, como para as regionais.

- A Embrapa (Empresa Brasileira de Pesquisa agropecuária) é um exemplo clássico de educação corporativa e está promovendo avanços na agricultura em nosso país. Com ações avançadas em educação a distância, compartilha uniformemente seus princípios em quase todos os estados. O nível de formação de seus colaboradores inclui a existência de pesquisadores, e isto impulsiona a instituição para investir cada vez mais em educação continuada e pesquisa, que se tornam fortes aliadas das suas atividades.

- Nos *rankings* da consultoria internacional do *Great Place to Work Institute*, o Prezunic foi considerado, em 2008, no âmbito estadual, uma das 25 melhores empresas para se trabalhar no Estado do Rio de Janeiro; no nacional, uma das 100 melhores para se trabalhar no Brasil. Além de ser uma das 25 melhores para a mulher trabalhar em todo o País.

- A Universidade Corporativa do Habib's foi lançada em março de 2009, mas suas atividades são intensas. Suas ações são direcionadas a todos os seus colaboradores e atende, inclusive, a todos os franqueados.

- A UniSerpro (Universidade Corporativa do SERPRO) tem a missão de preparar profissionais para o desenvolvimento de soluções de excelência em sistemas de informação. A inteligência desenvolvida no SERPRO tem o compromisso imediato com a Administração Pública.

As Universidades Corporativas que selecionamos definiram como objetivos que norteiam suas atividades (Gráfico 1) o desenvolvimento de competências (39%), a capacitação e formação técnicas (21%), o aperfeiçoamento profissional (20%) e a busca por suprir a carência de conhecimentos específicos (14%). Três por cento das empresas adotam a educação corporativa para perpetuar as suas crenças e produzir conhecimento científico. Somente 3% não indicaram qualquer tipo de objetivo.

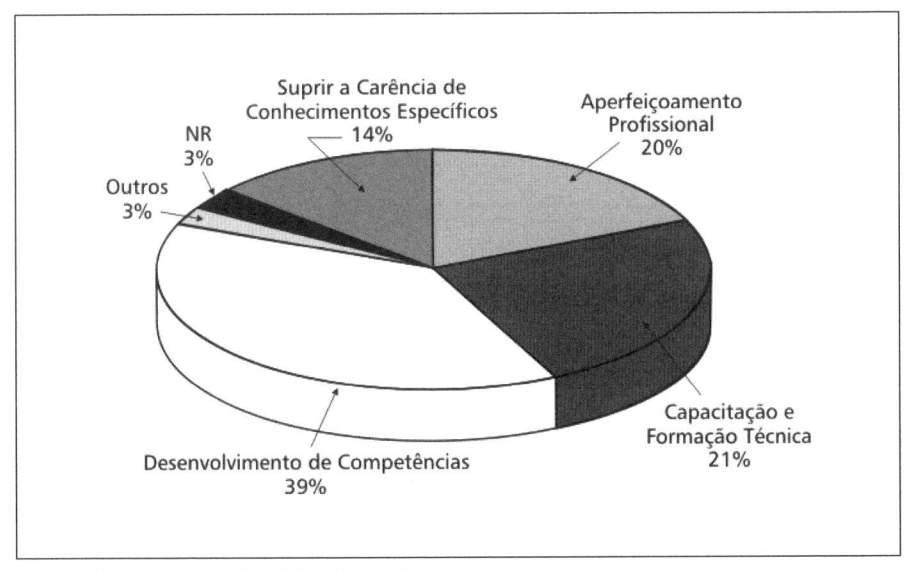

Gráfico 1 – Objetivos que Norteiam as Atividades de Educação Corporativa.

- Suprir a Carência de Conhecimentos Específicos — 14%
- NR — 3%
- Outros — 3%
- Aperfeiçoamento Profissional — 20%
- Capacitação e Formação Técnica — 21%
- Desenvolvimento de Competências — 39%

Fonte: Elaborado a partir dos dados da pesquisa.

Participam da estruturação e operacionalização das ações educacionais das UCs profissionais de distintas áreas do conhecimento: Administração, Psicologia, Pedagogia, Ciência da Informação, Informática, Psicologia, Biblioteconomia, Direito, Engenharia, Letras, Economia e Comunicação. Esses profissionais atuam nas empresas, mas os destaques são para os profissionais de Administração (18%), Psicologia (17%), Pedagogia (15%) e Informática (10%).

Outros profissionais foram mencionados na pesquisa como integrantes das equipes de educação corporativa, e as áreas mencionadas são História, Filosofia, Geografia, Serviço Social, Matemática, além de contar com profissionais de nível técnico (Gráfico 2).

Percebemos com a análise realizada dos dados, que as equipes são multidisciplinares e que a existência de profissionais de distintas áreas pode promover uma percepção transdisciplinar da educação corporativa mais adequada à realidade do mundo globalizado.

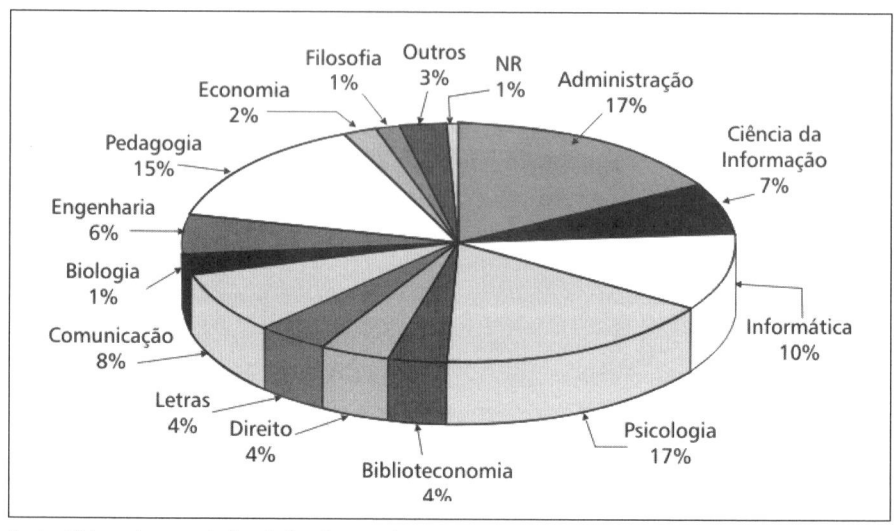

Gráfico 2 – Formação dos Profissionais que Participam das Equipes das UCs.

- Filosofia 1%
- Outros 3%
- NR 1%
- Administração 17%
- Economia 2%
- Pedagogia 15%
- Engenharia 6%
- Biologia 1%
- Comunicação 8%
- Letras 4%
- Direito 4%
- Biblioteconomia 4%
- Psicologia 17%
- Informática 10%
- Ciência da Informação 7%

Fonte: Elaborado a partir dos dados da pesquisa.

A própria incorporação das tecnologias de comunicação e informação no ambiente educacional acaba por requerer o envolvimento, por exemplo, de colaboradores especializados e experientes em educação a distância e que possam desenvolver ambientes virtuais para a aprendizagem ou, mesmo, realizar a preparação de materiais didáticos. Daí, hoje, percebermos a inserção de profissionais das áreas de Letras, Comunicação, Informática, Ciência da Informação e Pedagogia. Com as exigências do dia a dia que envolvem a educação corporativa há uma

> necessidade de planejar estrategicamente com um olhar novo a respeito do mundo e do contexto em que cada instituição se insere. Além disso tudo, uma questão importante continuará presente nas organizações, que é a qualidade do trabalho em equipe. Isto é que fará a diferença. E muito terá que ser feito, ainda, neste sentido (Velloso *apud* Ribeiro, 2005, p. 15)

A presença de profissionais especializados, inclusive do Pedagogo, é essencial para a elaboração de projetos educacionais complexos que exigem análise, planejamento e acompanhamento das situações de aprendizagem. O Pedagogo, por exemplo, que, até então, era raro nas corporações, agora começa a ser incorporado às equipes, junto aos que, tradicionalmente, desenvolvem atividades na área de recursos humanos: Administrador e Psicólogo.

Vale salientar que estamos em pleno processo de regulamentação da profissão de Pedagogo, o que confere responsabilidades e competências no exercício de sua função (Projeto-de-lei nº 4.746, de 1998), inclusive a obrigatoriedade de sua presença nas equipes governamentais encarregadas da elaboração e execução de planos, estudos, programas e projetos educacionais e nas empresas de consultoria em educação. A lei ainda define as atividades a serem executadas pelo Pedagogo, artigo 2º:

- elaboração, planejamento, implementação, coordenação, acompanhamento, supervisão e avaliação de estudos, planos, programas e projetos relacionados aos processos educativos escolares e não-escolares, à gestão educacional no âmbito dos sistemas de ensino e de empresas de qualquer setor econômico, e à formulação de políticas públicas na área de educação;

- desempenho, nos sistemas de ensino, das funções do pedagógico à docência, como administração, planejamento, inspeção, supervisão e orientação educacional;

- ensino de disciplinas pedagógicas e afins nos cursos de formação de professores;

- desenvolvimento de novas tecnologias educacionais nas diversas áreas do conhecimento; e

- recrutamento, seleção e elaboração de programas de treinamento e projetos técnico-educacionais em instituições de diversas naturezas.

Na verdade, o que precisamos ter em mente é que um projeto de educação corporativa possui tantas ramificações e complexidade tamanha, que a qualidade de seu desenvolvimento requer o trabalho de profissionais comprometidos com o sucesso da UC. Inclusive, porque os trabalhadores atendidos pelos programas educacionais irão participar de diferentes situações de aprendizagem em níveis distintos. A educação corporativa, na verdade, começa a tomar consciência de seu envolvimento e responsabilidade, com a educação de adultos,[3] e a adotar o conceito de educação continuada.

Na atualidade, o aprender por toda a vida se torna estratégico, pois de acordo com Gonzalo Muñoz (2005) o futuro será daqueles que aprendem a aprender. No caso das empresas pesquisadas, percebemos, primeiramente que a maioria dos profissionais (Gráfico 3) possui nível superior completo (32%). Depois, em segundo, outra fatia bastante expressiva é a dos que possuem ensino médio completo (17%), em terceiro os com MBA (13%) e, por fim, os que possuem Superior Incompleto (11%).

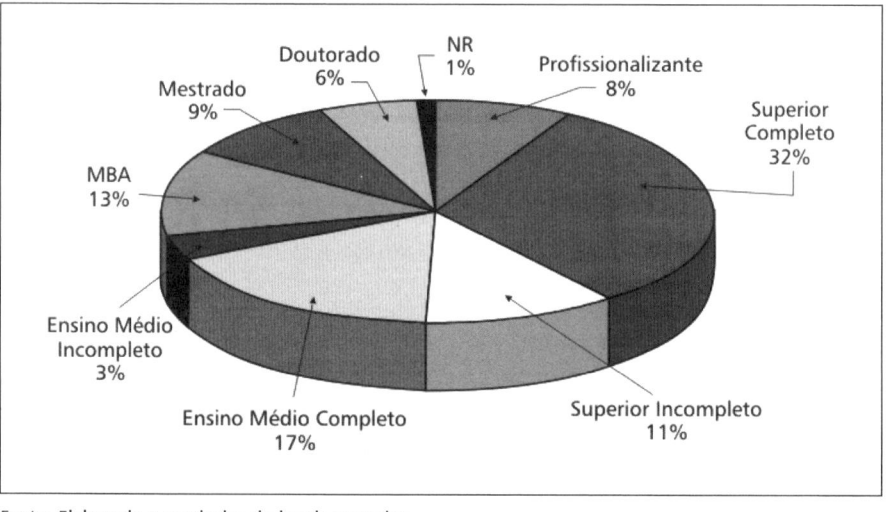

Gráfico 3 – Nível de Escolaridade.

Fonte: Elaborado a partir dos dados da pesquisa..

---

[3] De acordo com Arenaz *et al* (1990) não existe uma unanimidade entre os autores quanto às faixas etárias. No caso da fase adulta há diferentes classificações e fases: a primeira fase adulta abarcaria dos 21 aos 35 anos; ou dos 18 aos 30 anos ou dos 17 aos 40 anos; uma segunda etapa, que seria a idade média, dos 25 aos 40 anos ou dos 30 aos 60 anos ou entre os 40 e os 60 anos. Já, a fase adulta tardia, dos 40 aos 55 anos ou dos 59 aos 65 anos, que antecederia a terceira idade.

Como podemos notar, a formação dos trabalhadores atinge, significativamente, o nível de formação superior e, se somarmos o número de profissionais com mestrado, doutorado e MBA teremos, na verdade, 28% dos trabalhadores com algum tipo de pós-graduação. Também é importante evidenciar que apenas 8% dos trabalhadores de nível médio possuem algum tipo de formação técnica, contra 17% com nível médio. Somente 2% possuem o ensino médio incompleto. Tudo isso representa o fato de que as empresas deverão investir cada vez mais na elevação do nível de escolaridade e profissionalização, bem como em projetos educacionais que propiciem a aprendizagem contínua e permanente.

1.4. A Necessidade de Planejar

Como McLuhan (1911-1980), estudioso dos fenômenos da Comunicação, pai do conceito de aldeia global, profetizou em 1972, o que as empresas, hoje, estão experimentando: a busca incessante por trabalhadores altamente qualificados. McLuhan (2003) afirmou que, ao entrarmos na era do desempenho, novos padrões de trabalho e de saber surgiriam e o emprego como uma posição no organograma não se sustentaria, já que as empresas precisariam resistir à era eletrônica (preconizava sem saber o digital e a Internet).

McLuhan (2003, p. 42) previu mudanças na educação e nos espaços de saber. Dessa forma, a escola, a universidade e a empresa teriam que rever o *status* da informação, a sua mobilidade e a transformação que a cultura, até então, impressa, sofreria com a era eletrônica (leiam digital). Garantiu que os padrões de gestão teriam que ser reestruturados. Inclusive com a "acessibilidade de todas as culturas a todas as culturas e de todos os assuntos a todos os assuntos, remodelar os estabelecimentos educacionais do mundo ocidental se revelaria, igualmente, urgente, não como ideal, mas como necessidade". Aqui estendo essa reformulação aos espaços não-escolares (como a empresa).

Mas, para mudar é importante planejar. Essencial para qualquer transformação estrutural, conceitual ou mesmo para implantação/desenvolvimento de ações ou para definir atuações presentes e futuras ou tomar decisões, planejar é fundamental. Não deve ser visto como uma ação esporádica, já que é um processo contínuo, afirmam Almeida e Fischmann (2009). Mesmo para ações educacionais, elaborar um planejamento é fundamental.

O planejamento nada mais é do que um conjunto de ações sistêmicas, coordenadas entre si, que concorrem para a obtenção de certo resultado desejado (André *et al*, 1975). As empresas, cada vez mais, contratam consultorias, por exemplo, para elaborar seus planejamentos estratégicos. O planejamento estratégico é

> uma técnica administrativa que, através da análise do ambiente de uma organização, cria a consciência das suas oportunidades e ameaças dos seus pontos fortes e fracos para o cumprimento da sua missão e, através desta consciência, estabelece o propósito de direção que a organização deverá seguir para aproveitar as oportunidades e evitar riscos (Almeida; Fischmann, 2009, p. 25).

Assim como a empresa precisa construir seu planejamento estratégico, também é verdade que, para suas ações de educação corporativa, é preciso construir o seu projeto pedagógico ou projeto político-pedagógico (PPP) ou um projeto pedagógico empresarial (PPE). Este é um tipo de planejamento que 44% (14) das Universidades Corporativas pesquisadas adotam e 56% (18) ainda não desenvolveram (Gráfico 4).

As UCs que não construíram um PPP elaboraram outros tipos de documento e incluem algum modo de planejamento, tais como: Programa de Desenvolvimento de Pessoas – PDP, Programa de Aceleração Escolar, Programa de Capacitação Técnica, Programa de Atualização Profissional e Programa de Desenvolvimento de Líderes. Efetivamente, todos os planejamentos que foram formulados, essencialmente, culminarão em um PPP.

1. Educação Corporativa: Novos Rumos na Educação do Trabalhador

Gráfico 4 – Projeto Político-Pedagógico (PPP).

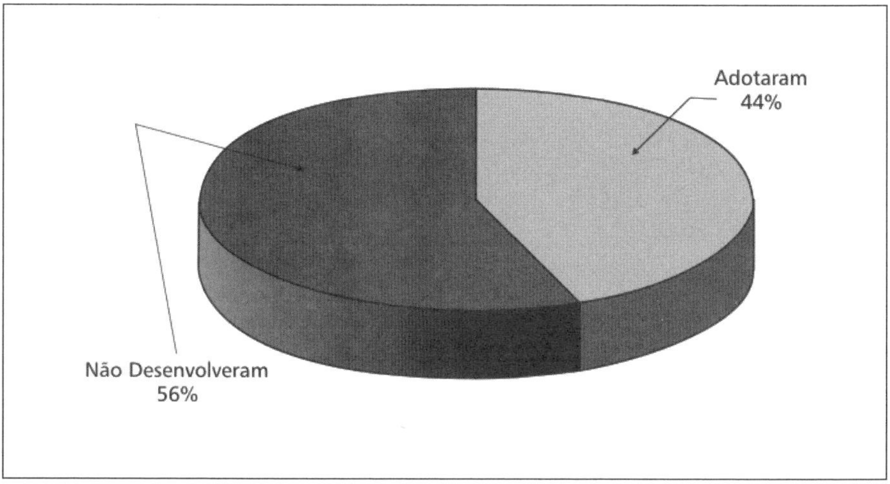

- Adotaram 44%
- Não Desenvolveram 56%

Fonte: Elaborado a partir dos dados da pesquisa.

O PPP não é comum nas empresas. Contudo, a cada dia passa a ser um documento importante para toda e qualquer ação pedagógica. As empresas estão descobrindo este nível de planejamento que irá nortear suas práticas educacionais. As escolas e universidades já cumprem com esse pré-requisito para existirem, outros planejamentos também são exigidos, de acordo com a esfera e o nível, Estadual ou Federal.

No caso das universidades tradicionais, de cunho acadêmico, são várias as formalidades a serem cumpridas, estabelecidas pelo MEC, o que inclui um Plano de Desenvolvimento Institucional (PDI), outro nível de planejamento que requer informações essenciais para o funcionamento e credenciamento do estabelecimento, até nele, o PPP irá surgir.

O PPP, realmente, é importante e merece atenção especial para sua elaboração, portanto vamos estudar mais aprofundadamente determinados aspectos fundamentais para sua melhor compreensão e até mesmo para que possamos estimular a sua adoção nos ambientes corporativos. Vejamos, então, no próximo capítulo.

2
A PRÁTICA PEDAGÓGICA NA ERA DO CONHECIMENTO E O PROJETO PEDAGÓGICO EMPRESARIAL

Antes de iniciarmos nosso percurso em torno do projeto político-pedagógico (ou projeto pedagógico empresarial – PPE) é preciso retomarmos uma das questões centrais desta obra, a prática pedagógica. Não estamos falando de uma prática qualquer. Queremos tratar, aqui, da construção de uma pedagogia que permita uma ação, de fato, diferenciada.

Queremos estimular uma educação problematizadora, capaz de transformar pessoas, até então inertes, em profissionais engajados e capazes de responder aos desafios de sua época. Como seres inacabados, estamos sempre aprendendo, não há aqueles que sabem mais ou menos, cada um ao seu tempo é capaz de superar suas limitações e interpretar o mundo com um olhar indagador, investigador. Por este motivo, a educação deve criar situações de aprendizagem que despertem a consciência crítica do indivíduo (Freire, 2003).

A todo momento estamos aprendendo. Sempre expostos a situações de aprendizagem, seja na escola, na família etc. A empresa se torna importante como um espaço de aprendizagem e de prática pedagógica. O indivíduo passa horas trabalhando, exposto a inúmeras situações que, a todo instante exigem posicionamentos e escolhas. Freire (2001, p. 12) afirmava que

> não é possível ser gente sem, desta ou daquela forma se achar estranhado em uma certa prática educativa. E estranhado não

em termos provisórios, mas em termos de vida inteira. O ser humano jamais para de educar-se. Em uma certa prática educativa, não necessariamente a de escolarização, decerto bastante recente na história como a entendemos.

Equivocadamente, pensava-se que, ao concluir os estudos nos espaços escolares, que o indivíduo já havia desenvolvido todos os conhecimentos e aprendido tudo o que precisava, que o diploma já o habilitava para sempre, contudo, hoje, estamos percebendo que não. A cada dia aprendemos algo novo. Para Gonzalo Muñoz (2005), imaginar que graduar alguém é o suficiente para o resto da vida é um equívoco.

A educação corporativa como mudança estratégica na forma de pensar a educação do trabalhador se desvincula das práticas de treinamentos reativos e se associa à educação continuada. A Educação da Era do Conhecimento é de outra natureza. Esse é o momento em que nesta sociedade experimentamos a desmaterialização de produtos e processos, os recursos intelectuais, intangíveis e (i)materiais, tornam-se mais valiosos e a formação das redes de conhecimento proporciona oportunidades de aprender por toda parte.

Román Perez (2005) explica que na Sociedade do Conhecimento o novo paradigma em Educação é o aprender em substituição ao ensinar, os conteúdos se transformam em sínteses do saber, surgem novas formas de aprender conhecimentos teóricos e práticos que dialogam e interagem. É a aprendizagem complexa.

Para lidar com tantas mudanças e assimilá-las nas atividades das Universidades Corporativas, as empresas precisam assimilar novas metodologias, outros formatos de avaliação. São esforços empregados para tentar acompanhar o ritmo das mudanças que transmutam os espaços corporativos em laboratórios de aprendizagem.

O treinamento focado em ações sob demanda e eventos únicos a cada dia perde espaço para projetos educacionais mais complexos e proativos. A educação corporativa cria oportunidades de concretização de situações de aprendizagem contínuas, com acesso às inúmeras possibilidades em torno do aprender. Operacionalizar tudo isto exige, das equipes que participam das ações das Universidades Corporativas, o abandono de pacotes de conteúdos fabricados e formulação de projetos pedagógicos coerentes com o Planejamento Estratégico de suas empresas.

As organizações devem desenvolver projetos educacionais coerentes com seus objetivos. Nesse sentido, o projeto político-pedagógico como uma organização intencional das práticas pedagógicas contempla tanto o sistema educacional como a ação educativa.

O projeto engloba, também, um olhar sobre as expectativas futuras relacionadas à ação educacional durante sua implementação, além de refletir o pensamento democrático institucional, princípio de uma gestão educacional participativa que une a prática às teorias que a alicerçam (Veiga, 2006).

O Projeto Político-Pedagógico é mais do que um documento, ele expressa o coletivo. Ele nasce das interações, do entendimento e das negociações entre todos os atores envolvidos no processo educacional. Para sua aceitação é preciso que sua construção seja compartilhada ou será apenas mais um maço de papéis que pode ser usado como rascunho.

O PPP pode proporcionar inúmeros benefícios às Universidades Corporativas. assim como, auxiliar na coerência entre as ações educacionais, diretrizes e objetivos que fundamentam as escolhas realizadas na sua operacionalização. Destacamos as benfeitorias promovidas pelo PPP às UCs pesquisadas:

> "– Ele promove o avanço dos resultados no trabalho, auxilia na criação de ações para a melhora da estrutura cognitiva e no fortalecimento da cultura empresarial".

> "– Fornece um norte para as práticas educacionais e, com isto, direciona as ações para uma visão compartilhada entre os profissionais e lideranças da empresa".

> "– Alinha as ações pedagógicas à estratégia da empresa".

"– Ajuda no planejamento estratégico organizacional, na medida em que existe uma linha direcionada no ensino".

"– Orienta o desenho das ações de desenvolvimento de pessoas, parceiros/fornecedores e a prática dos profissionais que compõem a área de educação corporativa".

"– Explicita as concepções de aprendizagem que norteiam as ações de educação corporativa".

Mesmo para as que não possuem o projeto, as expectativas são positivas em relação à sua adoção. Vejamos:

"– Creio que auxilie nas ações educacionais".

"– Acreditamos que um projeto político-pedagógico, com certeza, pode nos apoiar a determinar melhor nossas ações e definir melhor os nossos objetivos".

"– Um projeto de base político-pedagógico oferece um respaldo teórico à prática educacional, fazendo com que o público perceba coerência tanto nos conteúdos como nas metodologias aplicadas".

"– Ações mais transparentes, objetivos claros, maior comprometimento de todos, já que este é feito pelo total de indivíduos que nela trabalha. Todos assumem responsabilidades específicas e conhecem as responsabilidades dos outros, motivo pelo qual os coloca como responsáveis indiretos pelo grupo, seja pelas conquistas e/ou pelos fracassos".

Mas, efetivamente, como elaborar um projeto pedagógico para as organizações que aprendem? É essencial ter, em primeiro lugar, o compromisso de gerentes, colaboradores em geral, equipe de gestão da EC, a alta cúpula da instituição, fornecedores, todos os agentes e beneficiários das atividades pedagógicas.

2. A Prática Pedagógica na Era do Conhecimento e o Projeto Pedagógico Empresarial

Recorremos aos estudos de Veiga (2006) sobre o PPP para apresentar alguns pontos importantes desta modalidade de planejamento:

1. Conhecer a cultura da organização. Não há como esboçar um projeto complexo como o PPP sem conhecer o contexto em que está sendo confeccionado, sem saber as características que delimitam essa ou aquela organização, quem são as pessoas envolvidas, sem conhecer a comunidade, sua história, suas regras e seus códigos.

2. A construção do PPP deve envolver todos os atores que participam da ação educacional: professores, instrutores, dinamizadores, gestores, alunos, a comunidade, e todos aqueles que estão envolvidos nas atividades.

3. Definir os objetivos, as metas, as diretrizes, os valores e finalidades da ação educacional. Ao delimitar esses elementos, também serão definidos, conjuntamente, o modelo de gestão, a filosofia e a política educacional, em consonância com a intencionalidade que o projeto educacional irá assumir.

4. Mesmo decidia a política educacional, ainda será delimitada a metodologia a ser adotada. Serão realizadas escolhas a partir do aspecto didático e que precisam estar coerentes com os objetivos, a filosofia e a política educacional.

5. De acordo com a filosofia educacional, a linha metodológica é delimitada, consequentemente o currículo condensa todos os aspectos que fundamentam o projeto pedagógico.

6. As escolhas das modalidades de avaliação demonstram coerência entre os objetivos, finalidades, metodologias, currículo e dão *feedback* a todos os participantes do processo educacional em relação à concepção educacional.

Como as Universidades Corporativas cada vez mais estão adotando o PPP para orientar as suas práticas, algumas adaptações à realidade das corporações são necessárias. Podemos falar, aqui, de um **Projeto Pedagógico Empresarial** (PPE) ou **Projeto Pedagógico Organizacional** (PPO).

Além de buscar cumprir o desenho usual, sugerimos:

1. Construir um projeto pedagógico coerente com o Planejamento Estratégico da empresa.

2. O PPP deve prever ações que ajudem na operacionalização das estratégias da empresa.

3. Manter uma lógica entre o desenho da Universidade Corporativa, as práticas educacionais e o cumprimento das metas e objetivos da organização.

4. Definir uma estrutura de gestão da Universidade Corporativa que permita, à equipe, conciliar a dimensão pedagógica às atividades da instituição.

5. Imprimir uma prática e cultura de avaliação que auxilie a UC a obter o retorno sobre suas ações educacionais, subsidiando por meio de instrumentos validados, a reestruturação de ações, correção de percursos e manutenção de suas atividades em apoio à estratégia organizacional.

6. Ao construir o PPE ou PPO é preciso considerar três áreas no desenho curricular: a cidadania corporativa (cultura, tradição e valores), a estrutura contextual (cenários) e as competências básicas de negócio (Meister, 1999). Acrescentamos, ainda, que o desenho curricular deve privilegiar a transdisciplinaridade, isto promoverá a conversação entre as diferentes escolas (áreas) de aprendizagem, a construção de outros formatos de interação que promovam a constituição de currículos em rede.

7. As metodologias e tecnologias adotadas devem promover, para o trabalhador, novas formas de aprender, incluindo atividades que o auxiliem na descoberta de sua criatividade, espírito empreendedor e estimulem a participação em atividades coletivas.

8. Definir, claramente, uma prática educacional direcionada à educação de adultos que englobe, inclusive, a pós-aposentadoria.

2. A Prática Pedagógica na Era do Conhecimento e o Projeto Pedagógico Empresarial

Para ilustrar a conciliação entre a ação educacional e as necessidades das corporações, apresentamos as falas das Universidades Corporativas pesquisadas sobre seus projetos pedagógicos:

> "– Ao estruturar o projeto pedagógico buscamos a melhoria dos resultados no trabalho; melhoria da estrutura cognitiva e fortalecimento da cultura empresarial".

> "– A Educação Corporativa encontra-se estruturada de forma sistêmica. O trabalhador (aluno) é figura principal do esforço pedagógico. A avaliação faz parte do processo ensino-aprendizagem. Há utilização de metodologias e técnicas inovadoras em prol da aprendizagem efetiva e formação de profissionais competentes. A formação continuada estimula o autodesenvolvimento. Adotamos a diversificação de situações de aprendizagem a fim de alcançar o domínio técnico-profissional, o respeito às diferenças individuais e as experiências vivenciadas, bem como o incremento à busca contínua do conhecimento e o desenvolvimento de um pensamento crítico compatível com o aperfeiçoamento profissional".

> "– Definimos as nossas estratégias pedagógicas, e adotamos as NTICs (novas tecnologias de informação e comunicação) para apoiá-las, contamos com suas ferramentas para auxiliar na condução do processo ensino-aprendizagem".

> "– A Educação é tratada como uma relação dinâmica entre elementos essenciais e indissociáveis: o Ser Humano, o Conhecimento e o Contexto. Todo o processo de 'pensar e agir' da UE leva em consideração esses elementos, e os tem como partes essenciais da sua ação educacional [...] Os profissionais são agentes ativos no processo de ensino e aprendizagem e, por meio de diferentes ações educacionais desenvolvidas de forma dialógica todos os envolvidos são motivados a assumir o protagonismo nos processos de formação pessoal e profissio-

nal, ao mesmo tempo em que buscam sinergia com as equipes nas quais atuam".

"– O PPP tem como objetivo incentivar todos os colaboradores da empresa ao desenvolvimento pessoal e profissional, propondo o aprimoramento de seus conhecimentos e habilidades, favorecendo o fortalecimento das competências essenciais".

As empresas que adotam o conceito de educação corporativa o fazem por compreender que é insuficiente investir em treinamentos que não dão conta de tantos conflitos e incertezas que afligem as organizações. A dimensão humana, a valorização da expressão da individualidade do trabalhador, o saber e o conhecimento construídos nas corporações devem conviver harmoniosamente, produzindo bem-estar e produtividade.

A *praxis* pedagógica nas corporações deve auxiliar na realização profissional e pessoal; na operacionalização do Planejamento Estratégico Empresarial e beneficiar toda a cadeia produtiva.

Como apreendemos com a pesquisa realizada, as UCs demonstram buscar uma identidade educacional que as torne competitivas, diferenciadas, com trabalhadores capazes de gerenciar seus processos de aprendizagem no mundo complexo.

2.1. Entre as Intenções e as Linhas Pedagógicas

Como Gadotti (2006) anuncia, as finalidades da educação prenunciam a intencionalidade do ato pedagógico. Da mesma forma, ao optar por uma linha pedagógica, estamos selecionando, propositalmente, um conjunto de ideologias que constituem a prática educacional. Como salienta Candau (2008, p.14), "toda proposta didática está impregnada, implícita ou explicitamente, de uma concepção do processo ensino-aprendizagem".

2. A Prática Pedagógica na Era do Conhecimento e o Projeto Pedagógico Empresarial

Historicamente, as transformações sociais, políticas, o surgimento e morte de economias fazem emergir novas ideologias, que também influenciam o fazer educacional. A educação na Grécia Antiga, por exemplo, se dividia entre a educação para o culto do corpo e da beleza (Esparta) em contraposição a uma ação pedagógica direcionada para a liberdade (Ateniense). Por outro lado, a filosofia positivista de Comte, Durkheim e outros pensadores centrava-se no uso da razão para alicerçar a ciência, se opondo à superstição, pregando o desenvolvimento da ciência e a libertação social.

Do pensamento positivista chegamos ao ideal socialista que "formou-se no seio do movimento popular" (Gadotti, 2006, p. 119). Foram vários os pensadores engajados neste paradigma social da educação, impactada por: Marx, Engels, Gramsci, Makarakenko e Vygotsky, também, valorizando a importância da linguagem na aprendizagem, nas interações sociais e na formulação do pensamento.

A Escola Nova foi um movimento de renovação da educação que propunha a valorização da autoformação e a atividade espontânea do educando. Piaget, um dos representantes desta nova forma de entender educação, estimulava o aluno a buscar, por si, a verdade, em vez de investir na cópia e repetição de conteúdos (Gadotti, 2006). Diferentemente, o behaviorismo, centrado no comportamento (real, objetivo e prático) percebe a aprendizagem "como condicionamento, implica aprender a responder a situações novas, mas aprender novas respostas" (Hill, 1977, p. 26).

As linhas acima apresentadas demonstram que as práticas educacionais mantêm uma lógica com o contexto político, social e econômico que a sociedade vivencia. As escolhas feitas pelas Universidades Corporativas na atualidade indicam, por exemplo, uma forte tendência para o Construtivismo (Piaget) e o Sociointeracionismo (Vygotsky). Isso é confirmado por nossa pesquisa, ao demonstrar que 52% das Universidades Corporativas adotam, em seus projetos, o Construtivismo como linha pedagógica e 30% o Sociointeracionismo. Somente 8% adotam o Behaviorismo (Gráfico 5). Outras linhas são adotadas como a Andragogia e o Humanismo (10%).

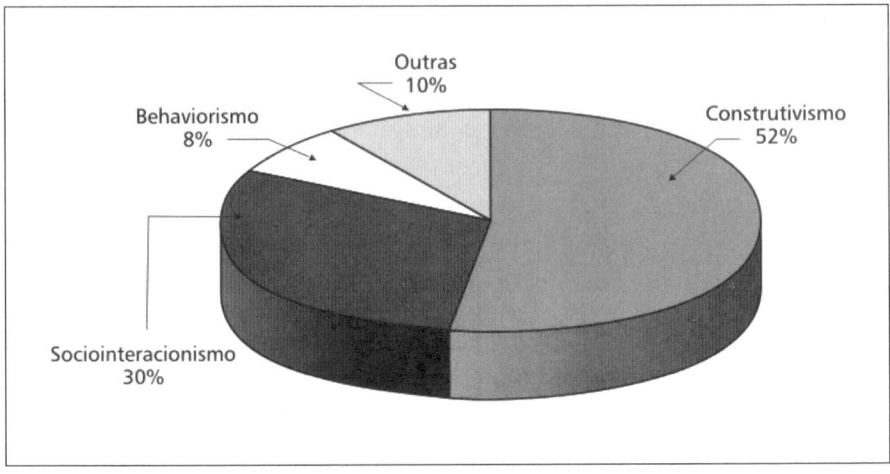

Gráfico 5 – Linhas Pedagógicas.

- Construtivismo: 52%
- Sociointeracionismo: 30%
- Outras: 10%
- Behaviorismo: 8%

Fonte: Elaborado a partir de dados da pesquisa.

Mas, também, é interessante salientar que somente 52% das Universidades corporativas adotam apenas uma linha pedagógica, enquanto 29% adotam duas linhas e 19% adotam até três (Gráfico 6). Isso demonstra que as UCs procuram flexibilizar suas atividades de acordo com seus objetivos.

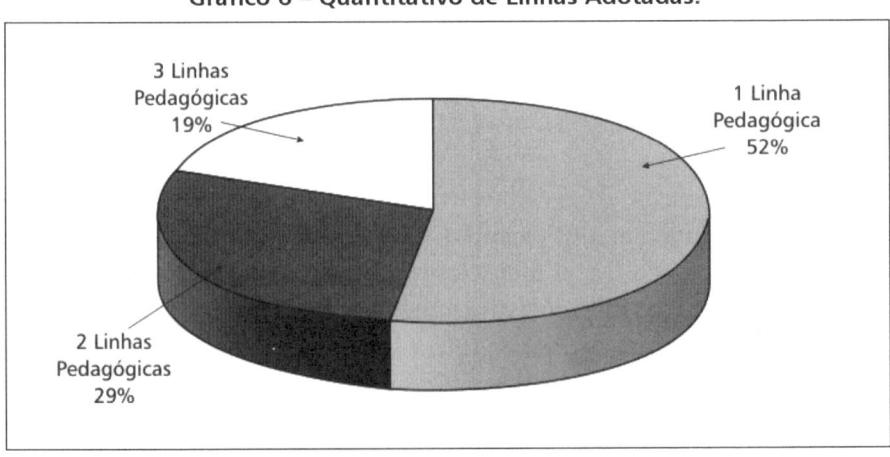

Gráfico 6 – Quantitativo de Linhas Adotadas.

- 1 Linha Pedagógica: 52%
- 2 Linhas Pedagógicas: 29%
- 3 Linhas Pedagógicas: 19%

Fonte: Elaborado a partir de dados da pesquisa.

Para auxiliar na melhor compreensão do que significa o impacto da adoção do Construtivismo e do Sociointeracionismo na prática das corporações é preciso comparar as concepções de Piaget e Vygotsky. Destacamos os pontos principais que caracterizam cada uma das linhas (Quadro 1).

Quadro 1 – Comparativo entre Construtivismo e Sociointeracionismo

Construtivismo: Piaget (1896/1930)
– O ser humano é visto como um organismo que, ao agir sobre o meio e modificá-lo, modifica a si mesmo. As transformações realizadas pelo sujeito no seu ambiente são a fonte do progresso do conhecimento que dá lugar à criação de seus instrumentos intelectuais e às suas representações da realidade. – O desenvolvimento da inteligência e a forma dos conhecimentos são processos indissociáveis. – O conhecimento é um processo de criação e tem origem na ação transformadora da realidade, o sujeito o constrói e reconstrói. – O processo cognitivo é um diálogo com o outro. Por este motivo as atividades em grupo são favorecidas. (Delval, 2003, p. 110-112)
Sociointeracionismo: Vygotsky (1896/1934)
– As características humanas derivam da interação dialética do homem e seu meio sociocultural. O ser humano, então, modifica o seu ambiente, por meio do seu comportamento, para perceber suas necessidades básicas e, assim, muda a si mesmo. O biológico e o social estão interligados. – Construir conhecimentos implica uma ação compartilhada, pois é através da interação com outros indivíduos da sua espécie, dentro de um determinado grupo cultural, que as relações são estabelecidas (sujeito e objeto). – A imitação (cópia e repetição) permite a reconstrução (interna) daquilo que o indivíduo observa externamente. (Rego, 2003, p. 110-111)

Fonte: Gerado a partir dos textos de Delval (2003) e Rego (2003).

O que podemos apreender, tanto do pensamento construtivista como do sociointeracionista, é que o diálogo com o outro e as interações sociais é fundamental para a aprendizagem. Por esse motivo, as UCs começam a intensificar seus investimentos em processos coletivos, formando comunidades de aprendizagem. No coletivo se dissemina o conhecimento, se compartilha, cria-se e recria-se o conhecimento e isso é fundamental para lidar com a complexidade do mundo em que vivemos. Shaffer e Armundsem (*apud* Palloff; Pratt, 1993, p. 50) definem a comunidade como "um todo dinâmico que emerge quando um grupo de pessoas compartilha determinadas práticas, é interdependente, toma decisões em conjunto, e identifica-se com algo maior que as relações individuais".

As comunidades de aprendizagem nas UCs são viabilizadas virtualmente e associadas aos programas de educação a distância. Essas comunidades promovem interações coletivas que auxiliam nos processos de aprendizagem e nas mudanças. O indivíduo modifica o meio e o meio também o modifica. As empresas, em uma cultura de transformações, precisam que seus colaboradores aprendam a se relacionar, a cada momento, com as possibilidades e com a realidade que o mundo e as corporações sofrem com os efeitos da globalização.

> Nos ambientes turbulentos, as tarefas têm que ser redefinidas sempre, para poder estar de acordo com as necessidades em constante transformação da organização. Os membros da organização têm que saber resolver diversos tipos de problema. Os processos criativos de solução dos problemas e de decisão podem ser melhor executados em grupos em que os membros possam se comunicar abertamente com outros membros (Silva; Zabot, 2002, p. 46).

Outra vantagem das comunidades de aprendizagem é a disseminação do conhecimento. Sobre a difusão do conhecimento, esta é uma questão tão profunda que merece outro livro. As empresas esperam sistematizar e disseminar o conhecimento organizacional, explicitar o conhecimento construído por cada colaborador dentro do ambiente institucional, transformá-lo e torná-lo em vantagem competitiva. Inclusive como uma das estratégias para resolver problemas do cotidiano da organização.

Esse princípio que envolve a sistematização, o armazenamento e a disseminação do conhecimento organizacional é o que, hoje, chamam de "Gestão do Conhecimento". Silva e Zabot (2002, p. 12-15) afirmam que nessa nova sociedade o conhecimento é identificado como "o ativo de produção mais importante" e, por isto chamam atenção para o fato de o conhecimento ser criado apenas pelas pessoas e, como tal, as organizações precisam "apoiar pessoas criativas" e gerar condições para que as pessoas gerem conhecimento. Podemos afirmar que aprender se tornou tão importante que não há mais a separação entre o trabalho e a capacitação e que, sem o estímulo à aprendizagem, as empresas não sobrevivem mais.

É um erro imaginar que o conhecimento organizacional é da organização, porque ela criou um ambiente ou uma comunidade e que os sistemas e bancos de dados serão suficientes para gerenciar todo processo informacional e que isto faz com que a empresa seja uma empresa que cria e gerencia conhecimento. Como Silva e Zabot lembram muito bem, "sem as pessoas, não há conhecimento" (2002, p. 15). Investir em educação corporativa, também é realizar gestão do conhecimento, ajudar as pessoas a aprenderem, a compartilharem, a criarem e a se reinventarem, é ser competitiva.

A marca de uma nova educação, de uma nova prática pedagógica e de uma nova didática são apontadas por Gonzalo Muñoz (2005), Silva e Zabot (2002) e Román Perez (2005). O instrucionismo educacional adotado na era industrial (modelo Taylorista) que preconizava "uniformizar as pessoas, instrumentalizando-as unicamente para finalidades produtivas" está superado, dando lugar a uma educação da era pós-industrial, é o que afirmam Silva e Zabot (2002, p. 12-15):

- A ênfase mais no processo de aprender do que na aquisição de conteúdos.
- Contextos, perguntas e dúvidas estratégicas em vez de setorização, respostas corretas e certezas limitadoras.

- Ensino com estrutura e currículos flexíveis no lugar de estruturas rígidas e currículos predeterminados.
- Criatividade encorajada mediante a possibilidade do pensamento divergente.
- Ambientes de ensino propícios a uma aprendizagem prazerosa e descontraída.
- Educação para toda a vida e não apenas por períodos específicos para treino de habilidades.
- Facilitadores e aprendizes que reconstroem o conhecimento com base em aprendizagem conjunta, em vez da ideia de professor conhecedor e um estudante ignorante.

Efetivamente, novas linhas pedagógicas deverão emergir para o enfrentamento de um mundo complexo, atualizadas e adaptadas à realidade atual e ao futuro, para dar conta das necessidades das pessoas, das organizações, enfim, dos distintos setores da sociedade. Por outro lado, haverá a releitura de pensamentos pedagógicos, que serão (re)descobertos ou mais bem assimilados com o amadurecimento intelectual e social da humanidade.

2.1.1. O PPP e as Contribuições de Paulo Freire à Educação de Adultos nas Empresas

Se hoje aprender é estratégico para o aumento da produtividade, competitividade e inovação nas organizações, então é preciso expor o trabalhador a situações práticas e reais, considerar suas experiên-cias, sua estrutura cognitiva, enfim, é urgente abordarmos a aprendizagem deste segmento, as suas particularidades e suas demandas.

Na verdade, quando tratamos da educação do trabalhador, estamos abordando a aprendizagem de adultos, que envolve questões como: seu posicionamento na sociedade; o relacionamento com o espaço produtivo e a compreensão de sua importância naquele meio; o aumento da expectativa de vida e a aposentadoria.

As atividades de educação corporativa centradas na aprendizagem de adultos precisam recorrer mais à andragogia para a adequação das práticas, desenvolvimento de materiais didáticos e desenho de cursos apropriados a este público. Pensávamos, a princípio, que esta era uma preocupação particular ou mesmo o nosso olhar sobre o que temos acompanhado em algumas situações, mas Gonzalo Muñoz (2005) traz à tona a mesma questão, tanto do ponto de vista metodológico como do próprio planejamento das ações educacionais. O autor ainda apresenta algumas características inerentes à aprendizagem em adultos e que precisam ser adotadas em nossas práticas:

- Motivar o educando para novos processos de aprendizagem e para a descoberta de suas necessidades.
- Estimular o compromisso e a responsabilidade com o aprender.
- Considerar o processo de envelhecimento e as transformações promovidos dos pontos de vista físico, psicológico, metabólico etc.

Uma releitura de Paulo Freire, com a assimilação de contribuições de outras linhas pedagógicas, seria apropriada à nossa realidade, sem que houvesse a necessidade de importarmos práticas distantes da nossa cultura. Gadotti (1997) afirma que o legado construtivista de Freire é uma pedagogia transformadora e amorosa. O que precisamos nos dias atuais para humanizar nossas relações dentro do espaço empresarial é de uma pedagogia direcionada ao "estar junto" em um processo de aprendizagem solidária, ainda que seja no meio corporativo. Uma herança tão rica da qual todos nós somos donos se espalhou pelo mundo afora e, no entanto, assimilamos padrões estrangeiros que fracassam em nossas terras.

A experiência de Freire na educação de adultos é extremamente valiosa, muitos imaginam que seu legado só é aplicado à alfabetização, no entanto sua prática educacional a transcende. Estudos indicam, inclusive, a adoção em diversos países do Método Paulo Freire. Na Espanha, os conceitos de Paulo Freire são assimilados nos programas de educação continuada nas empresas e de qualificação profissional. Estudos de Gonzalo Muñoz (2005) e do próprio Ministério do Trabalho e Assuntos Sociais da Espanha (2005) demonstram como as instituições empresariais e mesmo as não-empresariais usam os ideais de valorização do educando, a pedagogia crítica e amorosa na construção do olhar crítico do indivíduo diante do seu contexto histórico, político, econômico e social.

Há uma necessidade de avançarmos nos estudos e práticas em torno da educação de adultos. Como Gonzalo Muñoz (2005) alerta, a educação de adultos precisa ser entendida dentro de uma perspectiva de educação ao longo da vida e é por esta razão que preencher as lacunas de uma formação inicial e média é insuficiente.

Portanto, um projeto político-pedagógico ou, como preferirem, um projeto pedagógico empresarial, ao mesmo tempo em que atende às demandas da empresa e se coaduna ao Planejamento Estratégico Empresarial, priorizando as metas, objetivos, a produtividade, o desempenho, também precisa contemplar as características, peculiaridades e necessidades do trabalhador (adulto).

Além dessas prerrogativas é imprescindível praticar, nas empresas, uma pedagogia inovadora que sustente tanto o negócio da empresa quanto estimule o espírito criativo, crítico atual, contextualizado, ético e amoroso do trabalhador. No Capítulo 4, vamos retomar alguns pontos do PPP que envolvem questões como avaliação e certificação.

2.2. O Caso Unise – Universidade Corporativa do Sistema Eletrobrás

Um bom exemplo de Projeto Político-Pedagógico ou Projeto Pedagógico Empresarial é o da Universidade Corporativa do Sistema Eletrobrás. Tivemos oportunidade de participar diretamente da constituição deste planejamento. O projeto foi organizado para sustentar a educação do trabalhador do setor de energia elétrica, responsável pela geração, transmissão, distribuição e comercialização de energia.

O Sistema Eletrobrás precisava se tornar mais competitivo e, ao mesmo tempo, reter seus talentos, já que a carência de profissionais especializados é premente. Dessa forma, o PPP da Unise contemplou a necessidade de disseminar valores e práticas que envolviam, por exemplo, questões como segurança, inovação e sustentabilidade.

A área de energia elétrica é estratégica para o país, todos dependemos dos serviços de todo o Sistema Eletrobrás para alimentar nossas casas, escritórios, indústrias, enfim, a sociedade depende da eletricidade para a execução de seus planos.

Deparamo-nos com a missão de situar, neste PPP, o pensamento filosófico educacional da Unise, criamos conjuntamente a concepção de educação da Universidade Corporativa e delimitamos o que seria a aprendizagem no seu âmbito. Isso envolveu definir as metodologias e tecnologias adequadas à sua proposta pedagógica, à construção curricular e aos processos de avaliação e certificação.

Para operacionalizar parte do trabalho, escolhemos realizar uma oficina semipresencial, onde discutimos a construção do PPP, elucidando o que era e o que englobava esse tipo de planejamento. Propusemos um diálogo aberto em relação ao conceito educacional e à realidade da empresa com seus pontos fortes e fracos.

A experiência efetiva da oficina (Figura 2) proporcionou o compartilhamento de ideias, auxiliando na impressão de uma identidade à educação corporativa que se pretendia desenvolver.

Em função deste procedimento, o documento passou a representar as aspirações do coletivo e o compromisso de todas as empresas com as atividades educacionais. O PPP contemplou as seguintes empresas: Chesf, Furnas, Eletrosul, Eletronorte, CGTEE, Cepel, Eletronuclear, Itaipu Binacional e Eletrobrás (Ricardo, 2007).

Figura 2 – Diretrizes da Oficina – Material Didático.

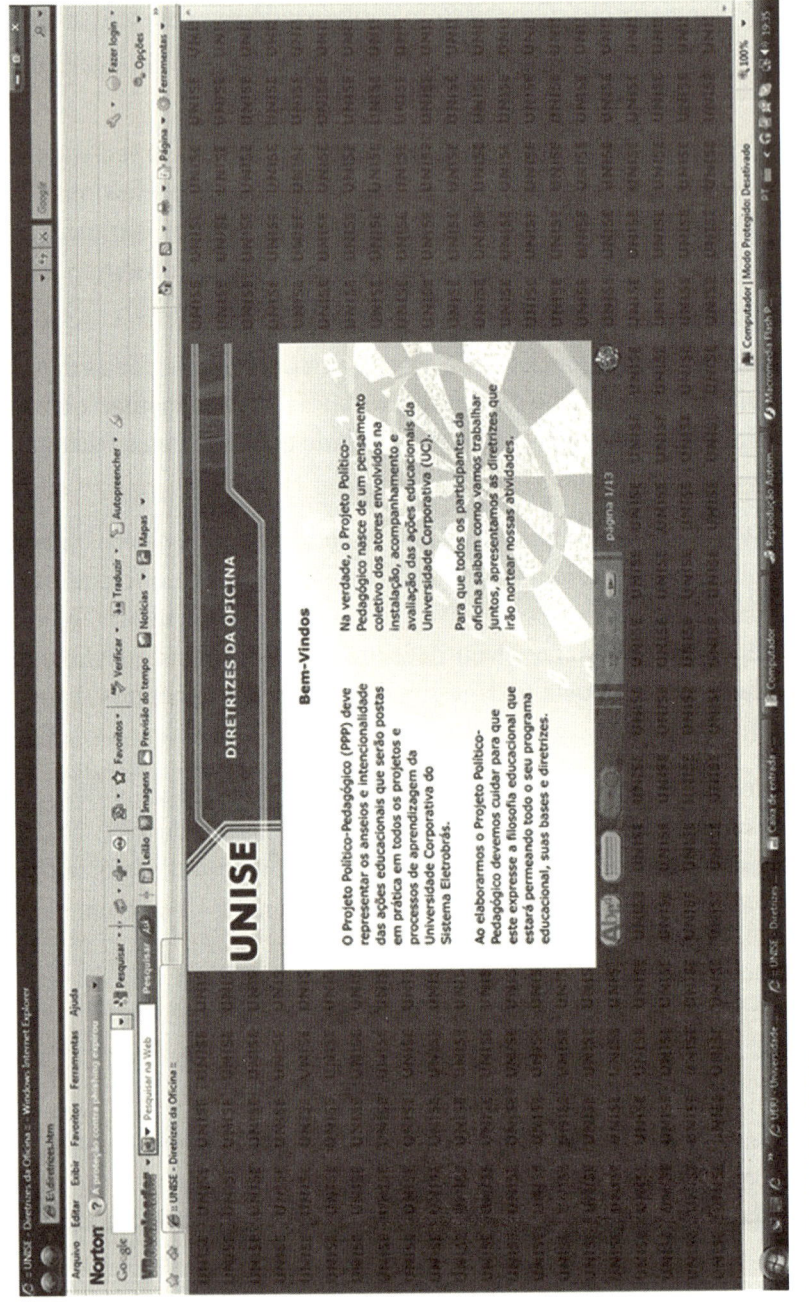

Fonte: EJR WORLD LEARNING.

Um dos pontos fortes na elaboração do projeto, certamente, foi a integração de todas as empresas. Elas se posicionaram, expressando suas expectativas em relação ao processo educacional que se pretendia instalar.

Após o término da Oficina, ainda tivemos dias de convivência com trocas realmente enriquecedoras, até que chegássemos ao formato final do texto e pudéssemos constatar que parte do trabalho já estava pronto e que, dali por diante, começava uma nova etapa, a de vivenciar o projeto.

Um destaque especial do PPP da Unise foi para as ações de educação a distância, com a definição das tecnologias, modelo de preparação do material didático, inclusive priorizando a formação de uma rede integrada que contemplasse todas as empresas da *holding*, já que elas estão situadas em diferentes localidades.

A educação a distância tem contribuído muito com as ações das UCs. E o crescimento da parceria entre EC e EAD tem sido cada vez mais promissor. No próximo capítulo vamos tratar do incremento do poder de criação dos trabalhadores nas empresas a partir do desenvolvimento do processo autoral. Essa prática conta com a EAD como forte aliada.

3

EDUCAÇÃO A DISTÂNCIA: A AUTORIA E A CONSTRUÇÃO DO CONHECIMENTO

A busca pelo desenvolvimento de competências essenciais, o desejo de suprir a carência de conhecimentos específicos ou a procura pela capacitação e formação técnica ou, simplesmente, pelo aperfeiçoamento profissional têm mobilizado as Universidades Corporativas a investirem em projetos educacionais de ponta. Principalmente em busca da geração de conhecimentos estratégicos e de inovação. Contudo, não há como chegarmos a um patamar de evolução de práticas de gestão e mesmo de educação, com formatos singulares, diferenciados, e novas práticas, sem que algo tão urgente, básico e necessário seja trabalhado nas empresas, o poder de criação, intrinsecamente vinculado ao processo autoral.

Lemos um livro de Araújo Filho (2003), foi muito interessante encontrarmos um comentário do autor, que não poderíamos deixar de mencionar: "o fracasso de programas destinados ao desenvolvimento da criatividade. Ela não é desenvolvida em um simples treinamento, nasce de um processo contínuo, alimentada todos os dias, envolve responsabilidade e compartilhamento".

Com certeza, Vygotsky tinha toda razão em explicitar a importância da linguagem na aprendizagem, na construção das relações com o mundo e sobre seu impacto nas interações sociais. Podemos associar, inclusive, a linguagem ao desenvolvimento do processo autoral e da criatividade. Mas quando falamos assim, de imediato se imagina que a linguagem está sempre relacionada à oralidade e acabamos esquecendo outras possibilidades de linguagem, como a corporal ou a escrita. Por esta razão, nesta fase de nosso estudo sobre a aprendizagem e a práticas pedagógicas na Era do Conhecimento nos pareceu essencial trazer a temática do processo criativo e autoral, aliada à escrita e à educação corporativa.

Nosso interesse sobre o tema nasceu de uma indagação: "como a educação poderia contribuir para o desenvolvimento do processo criativo nas pessoas?" Refletir como desenvolver a autoria e o poder criador de trabalhadores transcende a própria empresa, impacta a sociedade como um todo e gera benefícios inimagináveis para o indivíduo.

Confessamos que para tratar deste assunto, apesar dos estudos teóricos realizados, nos deixamos levar pelo que a intuição poderia agregar a esse texto, a ponto de estimular as empresas e os leitores em geral, tais como gestores de recursos humanos, consultores, professores, pesquisadores, alunos, enfim, a investirem não só em projetos organizacionais, mas também em seus projetos pessoais. Gostaríamos de informar a você, leitor, que você é um autor! Que você pode e deve criar, pois só assim essa energia criativa pode contaminar o espaço do trabalho, o espaço educacional e até mesmo o ambiente familiar. Somos todos autores! Fomos todos destinados a criar.

Uma história tão fantástica que parece até inverídica, mas que gira em torno da criatividade, é a saga em torno do cérebro de Einstein. Todos sabem que ele foi o maior gênio de todos os tempos, grande físico, sua inteligência e capacidade de abstração lhe valeram a construção de teorias que, de fato, mudaram o mundo. Pacifista, contra o regime nazista, acabou por se envolver nos estudos da bomba atômica. Tão singular e inacreditável foi esse homem que seu cérebro e mesmo seus olhos foram extraídos durante sua autópsia.

Uns dizem que seu cérebro foi doado, outros que foi roubado, a verdade é que o médico legista Harvey se apossou do órgão. Esse homem e outros estudiosos buscaram no cérebro do gênio a resposta física para a sua inteligência, para sua criatividade, enfim, depois de anos de sua morte (falecido em 1955) em 1999 estudos apontavam algumas diferenças anatômicas em seu cérebro e que pareciam justificar tamanha capacidade descritiva de fenômenos físicos, jamais apresentada por qualquer outro ser humano. Einstein superou o próprio Galileu. Suas teorias revolucionaram o mundo e impactaram a Física.

A partir de estudos da neurociência, tentou-se demonstrar que a genialidade de Einstein estava no amplo desenvolvimento da região parietal do cérebro e isto, de acordo com os estudiosos, lhe permitia resolver problemas agilmente. Além da existência de células que reforçariam os neurônios auxiliando nas "habilidades de pensamento e destreza conceptual" (Cardoso, 2009, p. 2).

São muitos os intentos para explicar tamanha capacidade criadora inventiva e autoral, encontrada em um homem só. O espírito investigativo de Einstein já se manifestava em tenra idade. Tão prodigioso, incomodava seus mestres do colégio secundário. Aos 26 anos já solucionava problemas que os estudiosos mais velhos de sua época foram incapazes de resolver para dar fim ao caos prático e teórico, que abalava a Física de seu tempo. Elaborou a Teoria da Relatividade. Estudou os átomos. Tão importante, que revolucionou a Física, a Ciência como um todo (Balibar, 2008).

Mas o que tem a ver Einstein com o nosso estudo? Ele é um exemplo que nos auxilia na compreensão das implicações da autoria e criação no trabalho e na vida. Se ele fosse vivo, as empresas, os governos, talvez oferecessem altos salários, lhe dariam cargos superelevados, sua capacidade criadora seria essencial para a sobrevivência de alguma empresa, quem sabe seria alvo de algum *headhunter*? Certamente, o espírito criador de Einstein o levou a um patamar máximo de expressão. Ostrower (2004) nos traz um dado importante: o homem é, em sua essência, um ser criador.

Mas o que é ser criador? Para Ostrower (2004, p. 31), criar é basicamente "dar uma forma a algo novo". A criação relaciona-se a momentos na vida do homem, nos quais ele exercita suas potencialidades de criar e satisfaz suas necessidades de realização. Para Ostrower (2004), o criar não está restrito às artes, ele é um agir integrado ao viver humano; isto significa que o homem exerce o seu poder criador, manifestando seus talentos no âmbito da sua cultura[4]. A criação é, então, uma configuração do homem, uma forma de se comunicar que expressa o desenvolvimento interior do indivíduo e faz ecoar os processos de crescimento e de maturação indispensáveis à realização da capacidade de criação (Ostrower, 2004).

Criar é um processo de transformação constante; ele se articula no âmbito conceitual ou intelectual por meio da sensibilidade. Mesmo marcado pela dimensão do sensível, ainda que em diferentes graus, o potencial criador surge. Para Ostrower (2004), essa sensibilidade é uma disposição elementar que se encontra em um permanente estado de excitabilidade sensorial e desperta, em nós, determinadas sensações e necessidades.

O trabalho no processo de criação tem papel importante, já que o homem elabora seu potencial criador através do trabalho, pois é nele que surgem as necessidades que geram as prováveis soluções criativas. Nesse sentido, a produção artística e a criação são frutos do trabalho intencional (Ostrower, 2004).

Como podemos observar, o homem consegue, no trabalho, ser um criador, seja descobrindo respostas para os problemas cotidianos, seja revendo processos, elaborando novos produtos para a empresa, eis que todos nós, no exercício cotidiano de nossas atividades, mobilizamos nosso sistema nervoso central, que responde, mesmo sem que tenhamos consciência, com estímulos criativos. Seguramente, este é o trabalhador que as empresas buscam para enfrentar as mudanças do mundo globalizado.

Esta capacidade criadora nos identifica, nos faz singulares. Einstein, por exemplo, foi um grande destaque na Física. Shakespeare, na literatura, com sua obra. Michael Jackson, com sua expressão artística, a música, e o grande passo – *moon walk* – agora eternizado com sua morte.

---

[4] Conceito de cultura para Ostrower (2004, p. 13): "são as formas materiais e espirituais com que os indivíduos de um grupo convivem, nas quais atuam e se comunicam e, cuja experiência coletiva, pode ser transmitida através de vias simbólicas para a geração seguinte".

Estamos fadados ao processo criativo, o qual está atrelado à autoria. Infelizmente, a sociedade limita e constrange o processo criativo e autoral.

Assim como nosso sistema nervoso nos impulsiona à criação, de igual forma, a autoria faz parte do amadurecimento do homem e de sua relação com o mundo (Fernández, 2001). Essa premissa é reforçada por Foucault (1992), que identifica a autoria como o espaço poderoso da individualização na história das ideias, dos conhecimentos, das Literaturas, na história da filosofia e das ciências. Ao situar a figura do autor, incluímos o homem e sua obra.

Ao longo da história, a figura do autor tem-se modificado. Quando a ciência avança, a figura do autor, como responsável pela sua criação, pelo seu estudo, sua teoria, ou teorema, se torna fundamental. É na literatura, porém, que essa figura aparece mais evidenciada, em função do registro escrito dos discursos. Esta proeminência do autor se dá, principalmente, a partir do século XVII, sendo que, na atualidade, quando vamos elaborar nossos discursos e projetos, empresariais e/ou acadêmicos, verificamos o quanto precisamos da figura do autor para nos fundamentar e dar legitimidade às nossas escolhas, ao nosso pensamento (Foucault, 2004).

Contudo, não nos damos conta de que somos vítimas dos processos de punição e limitação da autoria. Um dos mecanismos de restrição à autoria é o não reconhecimento desse processo e sua negação, que transforma o autor em marginal. "Galileu foi obrigado a negar uma verdade científica, em função das perseguições da Santa Inquisição, pois a Igreja se pronunciou contra a Teoria Heliocêntrica, declarando que a afirmação de que o Sol é o centro imóvel do Universo era herética e que a Terra se movia estava teologicamente errada" (Wikipedia, 2009).

Assim como Galileu, todos os dias nas escolas, universidades, nas empresas, em algum lugar, alguém está em processo de negação da sua autoria, da sua capacidade criadora. E isto nos traz sequelas sérias, pois todo o processo inventivo, de descoberta de soluções, de resolução de problemas, de busca por novas oportunidades de negócios, de produção textual, enfim, é prejudicada. Com a anulação da construção de conhecimentos valiosos, toda a sociedade perde. Quanto perdemos, por exemplo, com a queima de livros durante a Santa Inquisisão? Quanto perdemos durante os períodos de repressão?

Se hoje a empresa precisa construir conhecimento, inovar, criar formas de se tornar mais competitiva, certamente se ressente com a carência de profissionais capazes de gerir suas carreiras, de produzir autonomamente ou tomar decisões ou criar novos produtos e oportunidades de negócio. A empresa que de fato quer se tornar uma empresa da Era do Conhecimento e uma organização de aprendizagem precisa desenvolver a autoria e a capacidade de criação de seus trabalhadores ou estará condenada ao fracasso.

Investir em autoria não é fácil. Respeitar o processo criativo muitas vezes é saber lidar com a autonomia e o espírito crítico do indivíduo, é fugir da homogeneização e valorizar o ser. As Universidades Corporativas têm desafios e compromissos sérios a assumir para reverter o quadro de trabalhadores inertes, anulados e silenciosos. Então, como a educação corporativa pode ajudar nesse processo de descoberta dos talentos da organização e conseguir desenvolver trabalhadores criativos?

Precisamos construir com a EC, as práticas educacionais comprometidas com o trabalhador e com a descoberta de sua autonomia, de suas capacidades e, antes de mais nada, salientando o respeito ao seu currículo pessoal.

3.1. CONTRIBUIÇÕES DA EDUCAÇÃO AO PROCESSO DE CRIAÇÃO

As ações educacionais das UCs precisam ser direcionadas para a construção de um ambiente que favoreça a aprendizagem, de tal forma que ela seja uma alavanca dos processos de desenvolvimento da autonomia, da criatividade e da autoria.

É possível trabalhar em torno da produção de conhecimento, da elaboração de uma proposta pedagógica que instaure um clima de valorização da autoria e da criação no espaço organizacional.

Agora, retomamos Freire e sua concepção de educação, que engloba um conjunto de ideias sobre a arte de aprender e a construção de práticas educacionais capazes de gerar indivíduos autônomos e criadores.

Olhando o trabalhador/aluno como o indivíduo que aprende a cada instante, percebemos que sua individualidade e dignidade só podem ser consolidadas por uma prática docente, capaz de respeitar e estimular a curiosidade e o desenvolvimento do pensar criticamente (Freire, 2004). Isto exige dar liberdade ao outro para aprender de acordo com seus interesses e necessidades e, ainda implica construir e reconstruir, tornando-se apto a transformar. O educador que se predispõe ao exercício de sua função e estimula a autonomia do trabalhador/aluno/autor precisa ter em mente que "aprender é uma aventura criadora" (Freire, 2004, p. 69).

O trabalhador, enquanto manifesta sua curiosidade e busca a satisfação, expressa emoções que o impulsionam em direção à força criadora do aprender, tornando sua aprendizagem mais rica. Neste processo é indispensável que professores, multiplicadores, gestores e trabalhadores em geral se percebam como seres inacabados, inconclusos, em constante formação.

A empresa que valoriza a autonomia do trabalhador precisa desenvolver um conhecimento profissional-pedagógico, que sirva como uma bússola que ajuda a compreender as peculiaridades de cada colaborador. Assim, incluindo a empresa como um espaço possível de aprendizagem, podemos dizer, apoiados em Freire, (2004, p. 33), que: "transformar a experiência educativa em puro treinamento técnico é amesquinhar o que há de fundamentalmente humano no exercício educativo: o seu caráter formador". Para favorecer a construção de trabalhadores autônomos e criativos é indispensável o estímulo do professor, no sentido de aumentar a confiança em seu potencial.

Para Fortunato (2003, p. 13) "a autoria é um procedimento básico da educação", portanto, agora, as organizações também precisam perceber que, como fomentadoras da aprendizagem, também assumem a responsabilidade sobre a necessidade de investir em práticas educacionais promotoras da autoria de cada colaborador.

Com isso, as UCs assumem as dificuldades de produção de projetos estratégicos, planos de trabalho, monografias, TCCs, como qualquer outra instituição de ensino em relação aos seus trabalhadores/alunos.

Fortunato (2003) endossa a responsabilidade que temos com o incremento da escrita ao expor sua importância no processo criativo e suporte do pensamento. Na prática, o pensamento abstrato ganha corpo e organização na sua materialização, visto que os grandes gênios, inventores e outros criadores concebiam seus projetos no plano mental, para depois os materializarem por meio da escrita.

Para Einstein, por exemplo, seu processo criativo se consolidava na escrita de seus artigos científicos. Antes, o cientista viajava, imaginariamente, com os feixes de luz, construía a teoria, depois trazia do plano das ideias para o suporte físico, por meio da escrita, as suas descobertas. O mesmo ocorria com Da Vinci que, com traços objetivos, criava máquinas no papel e, posteriormente, as viabilizava.

Mas como as empresas podem estimular o processo autoral, a criação dentro da empresa? Como contamos com tanta tecnologia e que, inclusive, auxiliam na gestão do conhecimento, vamos sinalizar a educação a distância (EAD) e as TICs como aliadas das empresas no desenvolvimento do processo de criação.

Hoje, as corporações adotam a EAD como uma estratégia de expansão de suas ações. A cada ano, um número maior de empresas desenvolve projetos ousados e com investimentos muito significativos, que mobilizam um grande mercado.

Realizamos estudos para o Anuário Brasileiro Estatístico de Educação Aberta e a Distância (Abraed, 2007), onde apontamos um cenário promissor que se confirma, agora, com esta pesquisa. Perguntamos, então, às trinta e duas Universidades Corporativas que se envolveram no estudo, se elas adotavam a EAD, e a resposta expressiva demonstrou que 87% (28) sim e somente 13% (4) não fazem uso (Gráfico 7).

Gráfico 7 – EAD nas Empresas.

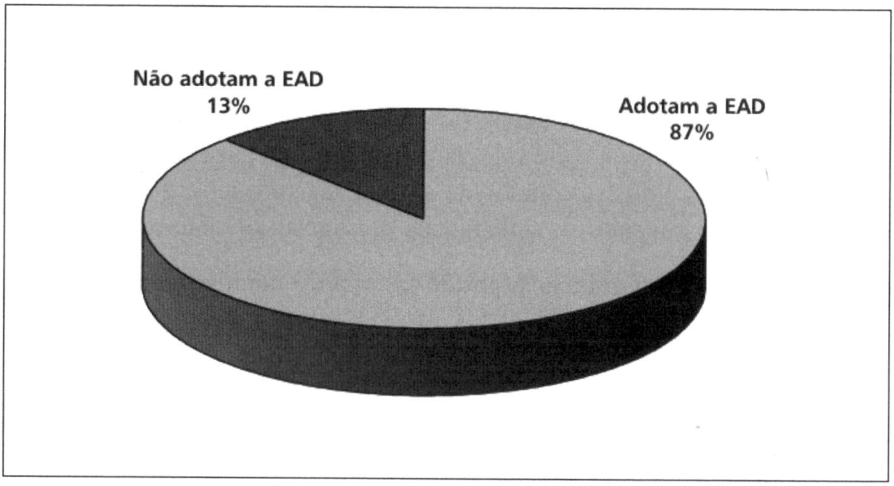

- Não adotam a EAD: 13%
- Adotam a EAD: 87%

Fonte: Elaborado a parti de dados da pesquisa.

As empresas que incorporaram, em suas práticas, a educação a distância, apresentaram no estudo justificativas relevantes que só reafirmam a viabilidade desta modalidade de aprendizagem. Selecionamos as falas que melhor sintetizam a percepção das UCs quanto à EAD:

> "– O objetivo é disponibilizar mais uma alternativa pedagógica para compartilhar informações que permitam a construção de uma aprendizagem colaborativa."

> "– Fornecer acesso dinâmico e flexível a conteúdos específicos e complementares ao processo de aprendizagem."

> "– Contribuir para capacitação do pessoal para pleno desempenho de suas funções, garantindo acesso a localidades distantes, reduzindo despesas com o pagamento de diárias e transportes."

> "– Atingir os colaboradores nas várias unidades em todo o estado."

"– Ampliar o alcance das ações educacionais da empresa, levando a aprendizagem a todos os locais de trabalho, independentemente de localização geográfica. Entretanto, a EAD não se aplica de forma indiscriminada, a qualquer ação educacional; a análise diagnóstica que dá origem à ação educacional define a metodologia mais adequada para viabilizar o alcance dos resultados de aprendizagem que se deseja alcançar, podendo ser a distância, presencial ou semipresencial."

"– Proporcionar a gestão interna do conhecimento com a publicação de projetos, artigos, estudos científicos, facilitando assim a troca e o aprendizado mútuo."

"– Promover a atualização dos conteúdos disponibilizados no *e-learning*. Gerar o autodesenvolvimento e estimular um maior envolvimento do colaborador com as ações da Educação Corporativa. Reduzir recursos financeiros; abranger maior número de trabalhadores; flexibilizar horários e dias de realização das atividades, facilitando o acesso aos participantes e nivelar os conhecimentos."

"– Alinhar a educação a distância com os objetivos e estratégias de negócios da instituição e fornecer um catálogo de ensino a distância que esteja relacionado às competências corporativas e profissionais para auxiliar no desenvolvimento e no crescimento do funcionário."

Como podemos apreender com a leitura destes comentários, a EAD auxilia na gestão do conhecimento; na redução de custos; na oferta de cursos a um número significativo de colaboradores, em diferentes localidades, permite a geração de um elenco de cursos a serem oferecidos.

A EAD, para alcançar seus objetivos nas UCs, precisa estar alinhada às estratégias da empresa, permitir o desenvolvimento do trabalhador e, inclusive, ajudar em estudos de cunho científico. Por outro lado, as UCs que não adotam a EAD em suas ações justificaram essa opção, informando que o porte e a distribuição funcional não justificam o investimento, há carência de profissionais especializados e, por último, a crença no contato pessoal para a realização da aprendizagem.

O estudo indica, também, que todas as empresas pesquisadas fazem uso das TICs de forma positiva em suas atividades educacionais, inclusive as que não adotam a EAD. Apresentamos algumas respostas que podem elucidar como as UCs adotam as TICs em suas práticas educacionais:

> "– O uso da tecnologia da informação permitiu, com a velocidade e a interatividade da Internet, facilitar o processo de disseminação do conhecimento e, com isso, a empresa pode ampliar os canais de aprendizagem dos trabalhadores".

> "– É um fator de diferenciação da empresa frente aos concorrentes para ampliar e consolidar sua capacidade de competir, aumentando assim seu valor de mercado, através do aumento do valor das pessoas".

> "– Para inovar as atividades educativas".

> "– A Universidade trabalha com diversos projetos inovadores para o incentivo a atividades educativas. Juntamente com nossos parceiros proporcionamos ao nosso público-alvo a oportunidade de participar de atividades diferenciadas de educação corporativa".

> "– Importantíssimo, sendo vetores e aceleradores do processo de aprendizagem".

> "– A instituição está sempre pronta e aberta para incorporar inovações tecnológicas em prol da aprendizagem".

> "– Como ferramenta fundamental para estratégias corporativas de disseminação e alinhamento de informação para grandes públicos, e como pré-requisito para ações presenciais (conhecimentos de processos básicos)".

> "– Utilizamos de forma gradativa, pois o perfil da maioria do nosso público está mais adequado aos modelos tradicionais

de ensino. Nossos investimentos em tecnologia se concentram em laboratórios técnicos para aulas práticas, onde o aprendizado efetivamente se consolida e podemos colher resultados no desempenho dos colaboradores nos seus locais de trabalhos".

"– São essenciais, pois facilitam o processo de aprendizagem, além de tornar mais amigável o seu uso no dia a dia das atividades profissionais e/ou institucionais desenvolvidas na organização".

"– A empresa acredita no processo de aprendizagem blender (presencial e a distância), a tecnologia se torna essencial para alcançar o resultado esperado, tendo em vista a dispersão geográfica dos participantes e a escassez de tempo para as atividades de educação. Além disso, como as equipes de gestão de Educação Corporativa estão cada vez mais enxutas, o processo deve ser prático, simples e autogerenciável. Por exemplo: sistema de autoinscrição em treinamentos, consulta online do calendário de atividades de determinado programa, realização das avaliações de aprendizagem e correção automática etc. A tecnologia também facilita e se torna imprescindível para um correto monitoramento das ações de educação".

"– As novas tecnologias são recursos complementares aos programas presenciais".

Como podemos perceber, a aplicação das TICs nos processos educacionais permite que os programas atinjam um maior número de colaboradores e ofereça recursos facilitadores da aprendizagem, tornando o processo mais amigável. É importante destacar que as empresas que não adotam a EAD usam as TICs para complementar as atividades presenciais. E, o mais importante, todas buscam o aproveitamento dessas tecnologias, a partir de um olhar, quanto à prática pedagógica.

Face ao exposto, acreditamos que a união EAD e TICs pode auxiliar mais e mais as atividades educacionais nas empresas e também colaborar, conjuntamente, para o desenvolvimento da autoria e da criação de inúmeros trabalhadores. A adoção de ambientes virtuais pode ajudar a intensificar mais os benefícios da EAD.

3.2. Contribuições da EAD à Criação e a Autoria

A Educação a Distância remonta à Antiguidade, pois autores como Landim (1997) viram nas cartas (epístolas) de São Paulo, nos primórdios do Cristianismo, um ensaio desta modalidade educativa. Daquela época até os dias atuais, com o auxílio da Internet, a EAD tem apresentado uma trajetória interessante, sempre apoiada na tecnologia da escrita, isto é, tem se valido de textos manuscritos, impressos e mais recentemente dos digitais. Havelock (*apud* Fortunato, 2003) destaca a escrita como o mais importante meio de armazenamento de documentos de nossa história. Nesse sentido, o texto escrito tem auxiliado estrategicamente a EAD no registro e na propagação de metodologias, ações educacionais, conteúdos, avaliações e comunicação entre seus atores.

É, no entanto, com o surgimento da imprensa e do livro que são criadas novas condições para a EAD. Com a transição da escrita manuscrita para a impressa, a EAD inicia nova fase, ampliando sua abrangência, na medida em que permite aos seus alunos obterem o acesso a conteúdos e ações educacionais com maior autonomia, isto é, sem depender tanto do professor. Com o livro, as informações são transferidas diretamente ao aluno. Uma das vantagens do texto impresso diz respeito às novas possibilidades de aprendizagem e de construção do conhecimento, além da ampliação da difusão das situações de aprendizagem (Fortunato, 2003).

Assim, a Educação a Distância vale-se da escrita como tecnologia básica, a qual vai se aliar a outras tecnologias para concretizar seus propósitos (Yalli, 1995). Apesar de, na atualidade, existir uma tendência para o uso de diferentes tecnologias (simultaneamente) na realização de cursos a distância, não se pode deixar de admitir que a sistematização da EAD gira em torno de tecnologia básica: a escrita. Belloni (2001) ao distinguir as três gerações da EAD (Quadro 2), nos evidencia, implicitamente, a importância da escrita; no ensino por correspondência sobressai o texto impresso; no ensino baseado em multimeios destaca-se o texto oral com linguagem específica, adequada à natureza da mídia escolhida; e, finalmente, no ensino baseado no computador e rede salienta-se o texto digital.

Quadro 2 – As Gerações da EAD e as Mídias

Geração	Período	Mídia
1ª	Final do Século XIX	Ensino por correspondência (texto impresso).
2ª	Anos 60 (Século XX)	Ensino baseado em multimeios (rádio, televisão e vídeo).
3ª	Anos 90 (Século XXI)	Tecnologias de informação e comunicação (computador e rede).

Fonte: Organizado com Base em Belloni, 2001.

Tendo em vista a importância da escrita/texto para a EAD, vejamos que tecnologias podem auxiliar no desenvolvimento do processo criador e no incremento da autoria.

3.2.1. Ambientes Virtuais de Aprendizagem

Um "ambiente virtual de aprendizagem" (AVA) é um *software*, que une os recursos digitais da informática e da comunicação, auxiliando o armazenamento e a circulação de conteúdos. Ele permite o gerenciamento de dados arquivados, facilitando o acesso a informações sobre alunos e professores. Complementarmente, possibilita contatos *on-line* e *off-line* entre os usuários (Santos, 2003). Esses ambientes podem gerar espaços que recebem diferentes denominações, mas entre essas destaca-se a sala de aula virtual[5]. O que caracteriza esses espaços é o acesso restrito e o conjunto de atividades e recursos disponíveis, com fins educacionais, como o *chat*, lista de discussão e o fórum que suportam a produção escrita. Para Barbosa (2005) três AVA são referência no contexto do ensino *on-line*, a saber: o AULANet, que é um *software* gratuito usado por diferentes instituições; o Teleduc[6], desenvolvido pela UNICAMP; e o WebCT[7] da University of British, Columbia, todos com a mesma finalidade, sendo usados em projetos e programas de Educação a Distância[8] (EAD). Agora, outro ambiente tem sido intensamente adotado pelas organizações: Moodle.

Com as facilidades proporcionadas pela plástica do digital, a sala de aula virtual, devido aos seus recursos, pode intensificar a autonomia, a aprendizagem e, consequentemente, a autoria. Apesar dos avanços tecnológicos é válido enfatizar que nem toda sala de aula virtual viabiliza a autonomia do aluno e a construção da autoria.

3.2.2. Editores de Textos Cooperativos

Na atualidade, a EAD pode propor atividades educacionais (assíncronas e síncronas) entre alunos/trabalhadores e professores/instrutores/dinamizadores, situados em diferentes localidades, enriquecendo o processo educacional, propiciando o estudar e trabalhar juntos. Assim, emerge juntamente com as TIC, a pedagogia da cooperação, onde o aprender juntos se opõe à aprendizagem solitária. O "estar junto" favorece atividades cooperativas, que levam à resolução de problemas, criação de soluções e surgimento de alternativas, é o momento em que o compartilhar resgata

---

[5] Segundo Lévy (2003, p. 15-17), "[...] a palavra virtual vem do latim medieval *virtualis*, derivado por sua vez de *virtus*, força, potência. [...] A virtualização pode ser definida como o movimento inverso da atualização, consistindo em uma passagem do atual ao virtual, em uma elevação à potência da entidade considerada".

[6] Informação extraída do site www.ead.unicamp.br/~teleduc/pagina_inicial/index.php? Acesso em: 1º de março de 2005.

[7] Mais informações em http://www.webct.com. Acesso em: 1º de março de 2005.

[8] Educação a distância, segundo Garcia Llamas (*apud* García Aretio, 2001, p. 22), é uma estratégia educativa baseada na aplicação da tecnologia à aprendizagem, sem limitação de lugar, tempo, ocupação ou idade dos estudantes.

a sociabilidade do indivíduo e o bem-estar coletivo (Albino; Ramos, 2005). Para Borges *et al* (2003, p. 26) a aprendizagem cooperativa é

> [...] uma técnica ou proposta pedagógica na qual estudantes se ajudam no processo de aprendizagem, atuando como parceiros entre si e com o professor, com o objetivo de adquirir conhecimento sobre um dado objeto. A cooperação como apoio ao processo de aprendizagem enfatiza a participação ativa e a interação tanto dos alunos como dos professores [...].

A aprendizagem cooperativa se baseia na troca entre os pares envolvidos no intercâmbio e apoio mútuo. Neste espaço, de construção compartilhada do conhecimento, o espírito de grupo se sobrepõe à competitividade (Borges *et al*, 2003), manifestando uma inteligência coletiva que é distribuída entre todos os participantes. Essa inteligência é, para Lévy (2000), o trabalhar em comum acordo com o outro, mobilizando competências em prol de uma coletividade.

Tantas são as vantagens da aprendizagem cooperativa que as empresas despertaram para o desenvolvimento de ações neste segmento. Esse tipo de atividade auxilia na conscientização da responsabilidade individual perante o conjunto, "na interdependência positiva", no desenvolvimento de habilidades interpessoais e percepção da dinâmica do grupo. Esses pontos, de caráter prático, levaram as empresas a adotarem os CSCW (*Computer-Suported Cooperative Work*), trabalho cooperativo apoiado por computador, ou seja, os chamados *groupwares*, que são *softwares* e *hardwares* que permitem a realização de atividades cooperativas entre participantes, por meio de aplicativos como: salas virtuais; quadros eletrônicos; correio eletrônico; sistemas de gerência de documentos, entre outros. Também usados com finalidades educacionais, esses *groupwares* recebem o nome de CSCL (*Computer-Supported Cooperative Learning*), traduzido como aprendizagem cooperativa apoiada por computador. Devem ser aplicados a partir de uma proposta educacional, apoiados em teorias de aprendizagem, isoladamente ou em ambientes virtuais de aprendizagem (Borges *et al*, 2003).

Os editores de textos cooperativos, adotados em programas de EAD, são exemplos de *groupwares*. Tais editores permitem a escrita coletiva entre os usuários desses ambientes; neles, as ideias de diferentes pessoas se reúnem na construção de um texto único. Algumas pesquisas estão sendo desenvolvidas no Brasil, visando a soluções que permitam este tipo de escrita. Neste aspecto, se destaca a Universidade Federal do Rio Grande do Sul (UFRGS), de onde surgiram os cinco editores que apresentamos no quadro a seguir.

Quadro 3 – Editores de Textos Cooperativos[9]

Editores de Textos Cooperativos	Descrição	Fonte
Cartola	Ferramenta que auxilia as crianças em fase de alfabetização na produção textual.	www.lelic.ufrgs.br/cartola
ECCOLOGOS	Auxilia na construção da autoria coletiva com a aplicação dos *emoticons*[10].	http://www.abed.org.br/congresso2004/por/htm130-TC-D2.htm
Forchat	É uma ferramenta de comunicação que possui características do fórum, *chat* e quadro mural.	www.civitas.lelic.ufrgs.br/portal_lelic/
EquiText	Editor de texto coletivo via *web*.	www.equitext.pgie.ufrgs.br
ECT (Editor de Texto Coletivo)	É uma ferramenta de escrita coletiva cooperativa via *web*.	www.nuted.edu.ufrgs.br/etc2

---

[9] Quadro organizado com base nas fontes que nele se incluem.

[10] O *emoticon* ou *smiley* no correio eletrônico e grupos de discussão são usados como o perfil de um rosto com caracteres, expressando e compensando a ausência de inflexões verbais e da linguagem corporal na comunicação eletrônica (Baber; Meyer; Pfaffenberger, 2000).

As atividades desenvolvidas com editores de textos cooperativos ajudam a tornar a aprendizagem um momento de troca, de crescimento recíproco, em que os participantes/autores criam em conjunto, a partir da predisposição de compartilhar com o outro. O EquiText, por exemplo, permite a construção de textos cooperativos a partir de parágrafos, facilitando a identificação do texto coletivo e das contribuições individuais. O texto é atualizado a cada inserção ou modificação das mensagens, ao mesmo tempo em que as mensagens anteriores são preservadas como um histórico da construção textual (Maçada; Sato; Maraschin, 2005).

Destacamos, também, o ECT (Editor de Texto Coletivo), desenvolvido pelo Projeto ROODA (Rede Cooperativa de Aprendizagem), que permite a escrita coletiva através da *web*. Foi inspirado no EquiText, seguindo a filosofia do *software* livre; com código aberto permite inclusão de novos códigos e adaptação às necessidades do usuário.

3.2.3. O Hipertexto

A EAD tem procurado proporcionar ao aluno/trabalhador maior participação no processo de aprendizagem, estimulando-o, inclusive, a intervir nos conteúdos concebidos pelos professores/conteudistas, como coautores. Uma das maneiras pelas quais se tem buscado a coautoria tem sido por meio do hipertexto. Ainda há muitos pontos a serem tratados neste campo, principalmente a relação entre hipertexto, interatividade e autoria. O avanço das TIC, a oferta de cursos a distância, via Internet, a conceituação e aplicação da interatividade têm instigado teóricos como Primo (2004), Lemos (2005) e Silva (2002) a dedicarem-se a pesquisas sobre estes temas. Remetemo-nos a Silva (2002), pelo estudo sistematizado em torno do conceito, destacando a essência interativa do hipertexto.

Conforme Silva (2002), a interatividade é um processo de reconfiguração das comunicações humanas, que modificaria a função do emissor e o estatuto do receptor a partir de ambientes informatizados. Antes, o antigo padrão comunicacional atribuía ao emissor a responsabilidade pela comunicação e ao receptor a passividade na transação comunicacional.

3. Educação a Distância: A Autoria e a Construção do Conhecimento

Figura 3 – Histórico de Contribuições de Usuários no EquiText

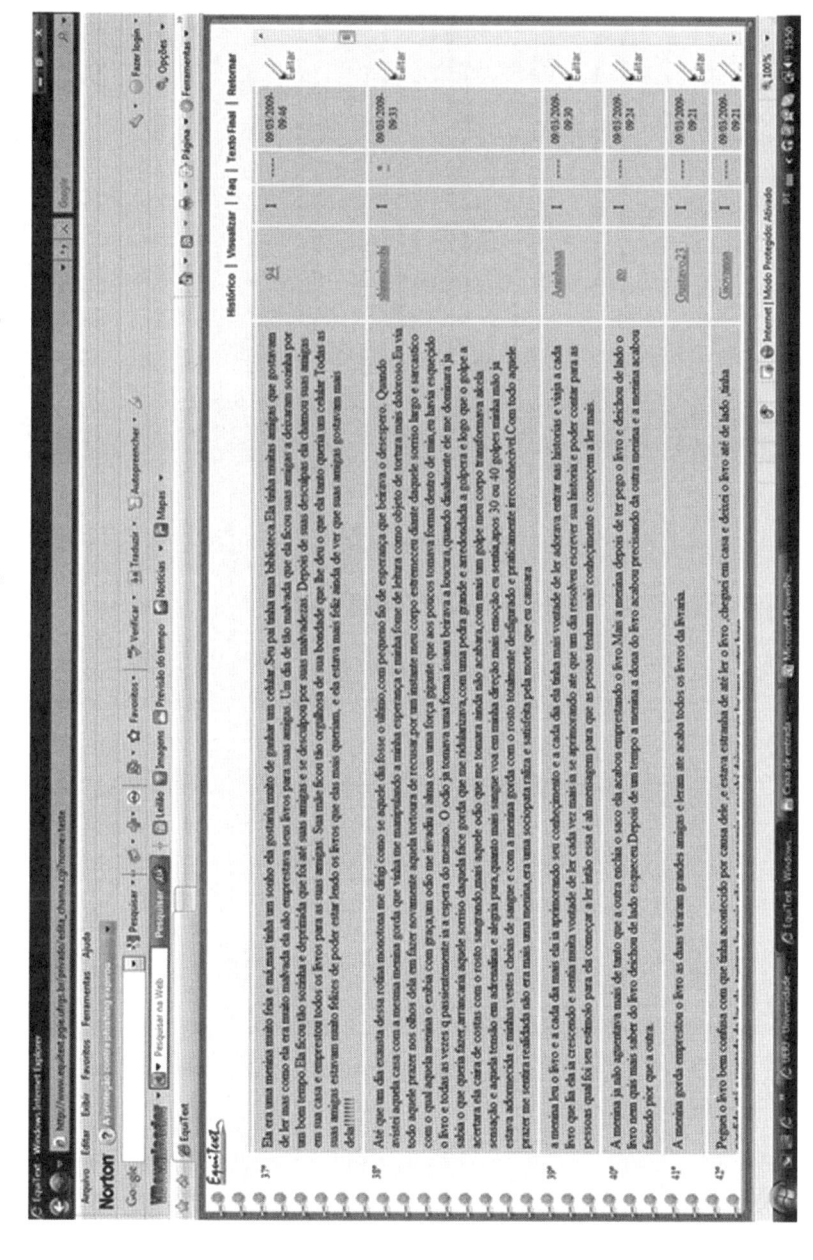

Fonte: www.equitext.pgie.ufrgs.br.

Figura 4 – Versão Final de um Texto no EquiText.

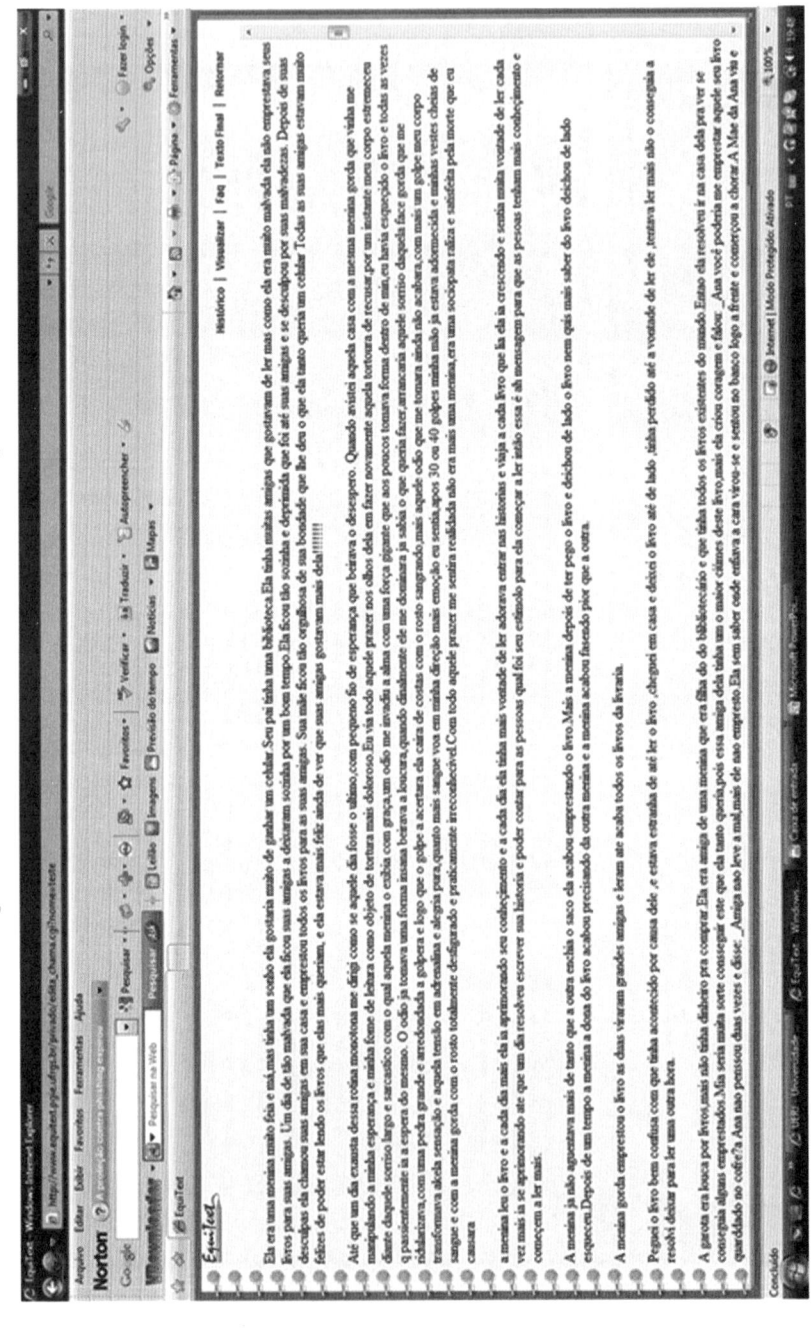

Fonte: www.equitext.pgie.ufrgs.br

3. Educação a Distância: A Autoria e a Construção do Conhecimento

Com as TIC, o rumo da comunicação unidirecional (um para todos) perde espaço para o modelo interativo, onde todos são emissores e receptores: todos para todos (Silva, 2002).

A interatividade preconiza a comunicação aberta, permitindo ao usuário interagir, alterando e manipulando conteúdos, modificando a mensagem, tornando-a uma possibilidade de resposta ao sistema de expressão e de diálogo (Machado *apud* Silva, 2002). Para aclarar a questão da comunicação aberta nos reportamos a Eco (2001), que disserta sobre o tema em seu livro *Obra Aberta*. Este autor destaca a necessidade de o fruidor (aquele que recebe a obra[11] e a consome) dominar a linguagem implícita na obra para interpretá-la e decodificá-la, considerando seu currículo pessoal, com suas tendências, gostos e cultura, abrindo espaço, então, para a compreensão da obra imaginada pelo autor e sua finalização (Eco, 2001).

Silva (2002), ao referir-se à comunicação interativa, propõe sua aplicação no campo educacional, como forma de abolir o falar-ditar do professor em favor de uma ação participativa do aluno na aprendizagem. A interatividade seria, então, um algo mais comunicacional, que vem sendo adotado em cursos *on-line*, propondo o rompimento da separação entre alunos e professores. Esta é a proposta da sala de aula interativa que

> seria o ambiente em que o professor interrompe a tradição do falar/ditar, deixando de identificar-se com o contador de histórias, e adota uma postura semelhante à do designer de software interativo. Ele constrói um conjunto de territórios a serem explorados pelos alunos e disponibiliza coautoria e múltiplas conexões, permitindo que o aluno também faça por si mesmo (Silva, 2002, p. 23).

---

[11] Para Eco (2001, p. 28) a obra "é uma forma, um todo orgânico que nasce da fusão dos diversos níveis de experiências anteriores, realizada do ponto de chegada de uma produção e ponto de partida de uma consumação que, se articulando, volta a dar vida sempre e de novo à forma inicial, através de diversas perspectivas".

Assim, o trabalhador/aluno ao transitar em um ambiente em rede, passa a ter a possibilidade de acessar uma variedade de recursos, como o vídeo, os gráficos e os ícones com um clique do *mouse*. Essa ação interativa, própria do espaço hipertextual (complexo), convoca o usuário/aluno a uma participação autônoma e imprevista. Dessa forma, o hipertexto com sua estrutura não-sequencial, constituído por uma teia/rede (de conexões) de textos interligados com múltiplas entradas e saídas, serve como um dispositivo para a intervenção no processo comunicacional (Silva, 2002).

Apesar de imaginarmos que o hipertexto seja fruto da informatização, há autores que datam sua aparição antes de ter sido criado por Theodore Nelson nos anos 60 ou imaginado por Vanner Bush em 1945. Ramal (2002) acredita que a história do hipertexto e a da informática estão interligadas, apesar de citar alguns exemplos anteriores às TIC, que nos remeteriam à ideia do hipertexto. São eles: a Bíblia, por sua forma não-sequencial de leitura, e as anotações de Da Vinci, realizadas à margem das folhas. Wandelli (2003), com estudo aprofundado sobre o tema, afirma que o procedimento hipertextual já existia desde Cervantes, e em textos literários elaborados por autores como Julio Cortazar, Joyce e Calvino. Destarte,

> nos limiares dos séculos XVI e XVII, Cervantes, ele mesmo, já explorava em Dom Quixote alguns recursos hoje incorporados e potencializados pelo hipertexto. A divisão em capítulos (**fragmentação**), marcados por subtítulos, prólogos, linhas de apoio, sumários, dedicatórias e recursos que Genette chamou de **paratextos** já estava lá, ajudando a mapear topologicamente a leitura e propiciando o deslocamento do centro para as margens do texto, o que marca outra característica do hipertexto: o **descentramento**. A rede imensa de histórias interpoladas que entrecortam a narrativa do velho Dom Quixote mostra que os romancistas nunca se limitaram ao modelo aristotélico princípio-meio-fim e buscaram reincidentemente formas mais elásti-

cas para expor suas narrativas fora do jugo da sequencialidade (Wandelli, 2003, p. 25, negrito nosso).

De acordo com Wandelli (2003), esses recursos já eram usados em jornais e revistas periódicas antes do aparecimento das TIC e acabaram servindo de modelo para as páginas da *web* nos dias atuais. Contudo, são inegáveis as contribuições da informática ao hipertexto, como, por exemplo, o uso de *links* para textos, vídeos, áudios e outros, além da abertura simultânea de janelas. O computador em rede potencializa a construção de textos hipertextuais, expandindo a participação do leitor, convidando-o à construção da história/narrativa. No entanto, vale ressaltar que cada leitura ou produção é uma variação do texto original (Wandelli, 2003). Um exemplo disso é a experiência do projeto "As narrativas em mídias eletrônicas da Escola de Comunicação da Universidade de São Paulo"[12] (USP), onde é realizado o estudo sobre a construção de narrativas na Internet. O projeto estuda a relação entre interatividade, coautoria e sociabilidade, usando o leitor como construtor da narrativa, levando-o a contribuir com o desenvolvimento da história a partir de um gancho, como é usado nas telenovelas. Três narrativas convocam o leitor a atuar como coautor. São elas: Selma, Theo e O dia.

Complementando Wandelli (2003), citamos Cavalcante (2004), que aborda a participação do leitor, ao marcar sua própria trajetória de exploração dos hipertextos com liberdade. É importante, porém, destacar que sempre há alguma forma de controle sobre a navegação na página da *web*, seja pelo autor ou pelo programador. Para Primo (2004, p. 12), os ambientes informatizados precisam considerar a necessidade de rompimento com os padrões de programação que limitam a intervenção do usuário nas páginas da *web*, pois "por mais que se defenda que o chamado usuário pode clicar e navegar por onde e quando quiser, na maioria

---

[12] Mais informações podem ser acessadas no *site* http://www.eca.usp.br/narrativas/intro/intro_por/projeto.html. Acesso em: 10 de março de 2005.

Figura 5 – Selma – Narrativas Interativas – Tela de Participação.[13]

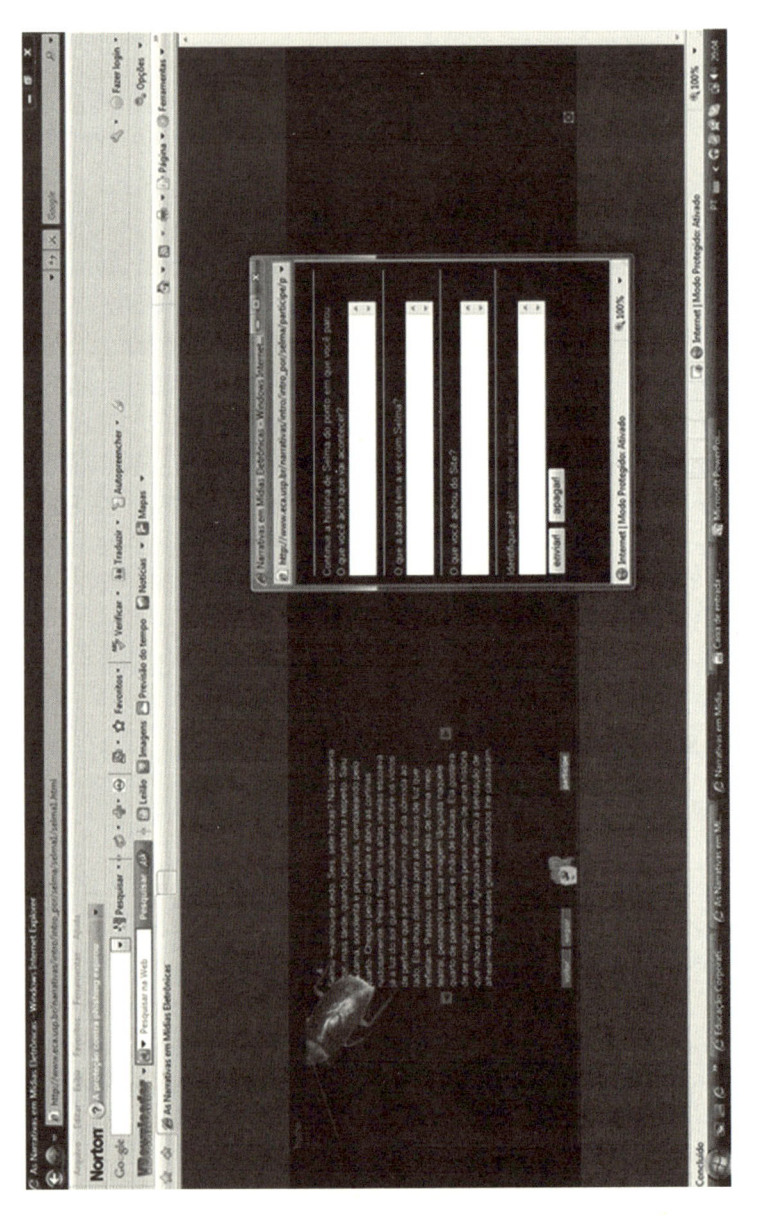

Fonte: http://www.eca.usp.br/narrativas/intro/intro_por/selma/selma.html

[13] A barata interativa é um gancho para participação do leitor, que deve relacioná-la à personagem da narrativa, Selma.

dos ambientes informáticos o interagente só pode agir dentro dos rígidos limites permitidos pela programação".

Ainda, conforme Primo (2005, p. 8):

> [...] o produtor do site programou, por antecedência, todos os caminhos possíveis. Mas, mesmo que o internauta possa escolher quais caminhos tomar, os seus trajetos particulares ficam limitados pelas sequências permitidas na interface [...] Toda leitura é também uma invenção particular, alicerçada em uma cadeia mental também hipertextual. Mas enquanto produto digital, Fábulas Ciberdivertidas[14] sempre apresentará a mesma configuração programada quantas vezes for visitada [...].

Desse modo, para o exercício da autoria/coautoria é necessário mais do que diagramações de textos, corte ou colagem, ou um simples clicar, na verdade o autor/coautor precisa modificar a obra/conteúdo/texto, aumentá-la, desestruturá-la, desconstruí-la em um processo criativo (Plaza, 2004). Para nós, a (co)autoria está além da complementaridade e da contiguidade; é um exercício de autonomia de criação em qualquer suporte (papel ou tela do computador). No campo educacional, o trabalhador/aluno, para construir a sua autoria, precisa transformar a realidade e a si mesmo; assim, a eficácia da aprendizagem do aluno "nasce da ação de ser construtor de autoria de pensamento!" (Fernández, 2004, p. 83).

Para a construção da autoria de pensamento e autonomia do aluno a distância, o hipertexto pode ser um recurso significativo, desde que os ambientes informatizados sejam, de fato, interativos, isto é, compreendam uma programação que abra espaço à intervenção direta do trabalhador. Neste sentido, os editores de hipertexto podem auxiliar na construção de uma escrita hipertextual individual ou coletiva.

---

[14] Fábulas *Ciberdivertidas* é um *site* onde Alex Primo estuda o hipertexto e formas de interação, www.hipertramas.cbj.net.

3.3. AS PRÁTICAS PEDAGÓGICAS PROMOTORAS DA AUTORIA E CRIAÇÃO

Para Orlandi (*apud* Souza, 2004), não basta falar para o aluno (trabalhador) ser autor; é preciso criar oportunidades para a construção da autoria. A empresa constitui o *lócus* privilegiado para fortalecer e ampliar este processo, já que o trabalhador dedica horas de sua semana ao espaço do trabalho.

A necessidade de se investir no desenvolvimento da autoria do trabalhador é fundamental, de modo a ajudá-lo na construção do conhecimento. Assim, cabe valorizar a escrita, pois ela funciona como uma ferramenta auxiliar do pensamento, tornando este visível para o próprio trabalhador e para os outros (Machado, 2002).

A escrita criativa, como prática de autoria, é mais do que a elaboração de uma redação; ela não se resume à produção de textos com a aplicação de normas gramaticais que regem a língua culta. Portanto, o grande desafio é escrever textos com autoria (Souza, 2004). O trabalhador/aluno/autor, quando realmente capacitado por meio de práticas educacionais adequadas, tem condições de assumir uma postura responsável pela sua produção e, assim, adotar uma conduta autônoma, empreendedora, inventiva e criativa.

Palloff e Pratt (2004) propõem algumas práticas educacionais focadas no aluno virtual e que podem colaborar para a produção textual na sala de aula virtual. Entre essas práticas situam-se:

- estimular os alunos a enviarem seus trabalhos para o *site* do curso, a fim de que seus colegas colaborem dando *feedback* crítico;
- incentivar os alunos a escreverem suas mensagens *off-line*, de modo que os erros ortográficos e questões gramaticais sejam verificados antes de se disponibilizar no ambiente do curso e;
- apresentar informações sobre citações e dar o formato adequado ao inseri-las no texto.

Em Cassany (2004), encontramos práticas educacionais promotoras da construção textual, aplicadas em aulas presenciais; estas podem inspirar atividades das salas de aula virtuais. Segundo este autor, o professor dinamizador deve:

- fomentar o interrelacionamento entre os alunos, proporcionando a socialização e aprendizagem cooperativa. Dessa maneira, o aluno escreve cooperativamente e colabora com a produção dos demais alunos;

- incentiva a troca de ideias sobre o texto e seu processo de composição entre os alunos e o professor;

- promove a reflexão do aluno sobre seu próprio texto, verificando se o mesmo exprime seus pensamentos;

- estimula o aluno a decidir sobre o que e como escrever, levando-o a assumir a responsabilidade sobre seu texto; e

- atua como leitor especializado, colaborando e explicando ao autor o que compreendeu ou não, apresentando suas impressões.

Para a realização de práticas educacionais centradas na autoria/criação nas empresas é preciso romper com o paradigma da sala de aula reativa e fazer emergir uma sala centrada na autoria, onde o direito do aluno à criação e à autonomia se torna sinônimo de liberdade; garantindo-se, assim, a expressão da individualidade e singularidade do sujeito, gerando autodenvolvimento e construção do conhecimento.

O aluno *on-line*, que vivencia a sala de aula virtual, pode ter a oportunidade de exercitar sua autoria de pensamento, refletindo em sua produção textual, impressa ou digital, individual ou coletiva. Nesse sentido, os editores de texto cooperativos, editores de hipertexto, fóruns, *chats* e outras ferramentas podem se constituir em elementos facilitadores da aprendizagem e de novas formas de pensar e agir. Este "salto" depende, no entanto, do rompimento das práticas educativas com padrões de interdição.

Apresentamos as características de uma sala de aula virtual centrada na autoria, oposta à reativa. Para evidenciar os dois tipos de sala, elaboramos o quadro que se segue.

Quadro 4 – Sala de Aula Virtual Centrada na Autoria × Sala de Aula Virtual Reativa

Sala de Aula Virtual Centrada na Autoria	Sala de Aula Virtual Reativa
Aluno Criativo	Aluno Depósito
Liberdade	Interdição
Criação	Reprodução
Diálogo	Monólogo
Imprevisível	Controle
Interatividade	Reatividade
Estímulo	Punição
Produção	Cópia
Autonomia	Dependência
Identidade	Homogeneização
Cooperatividade	Competitividade
Legitimidade	Marginalidade

A empresa que se predispõe a ser uma organização do conhecimento precisa explicitar por meio de sua UC e de seu projeto pedagógico empresarial (ou PPP), claramente, seus objetivos e passos a serem dados em busca desse trabalhador/criador/autor. É importante endossar que na construção do PPP é fundamental selecionar práticas pedagógicas e tecnologias coerentes com o princípio da autoria.

3.4. O Caso Marinha do Brasil

Quando se pretende desenvolver cursos a distância há uma necessidade de se preparar aulas e atividades para serem disponibilizadas aos alunos, mas, no entanto, quando uma UC tem um conteúdo muito específico, o trabalhador se torna o autor, muitas vezes, do material didático.

Tivemos a oportunidade de vivenciar essa experiência junto ao corpo de oficiais da Marinha do Brasil, especificamente com os membros da Escola de Administração e Intendência. Nosso papel foi estimulá-los à escrita para que pudessem escrever os cursos daquela Escola. Foi um momento importante, pois aqueles profissionais, instrutores há anos, descobriram, enquanto educadores, que era preciso compartilhar seus conhecimentos e que o processo autoral seria um momento de consolidação de suas práticas.

É fato que realizamos, então, uma oficina, que se tornou modelo para o desenvolvimento de um curso que foi adotado permanentemente pela Marinha para capacitação dos oficiais que atuam como instrutores. Para nós, a experiência valeu como um incentivo à realização de outras oficinas destinadas à formação de autores nas organizações.

4

CERTIFICAÇÃO: DESAFIOS DAS UNIVERSIDADES CORPORATIVAS

A certificação[15] é uma preocupação relevante, tanto para as UCs como para os trabalhadores; afinal é por meio do certificado que o conhecimento do trabalhador sobre sua prática é validado. O PPP, consequentemente, deve evidenciar os caminhos a serem percorridos pelo indivíduo, as estratégias que o levarão ao conjunto de competências e o processo de avaliação que lhe valerá a certificação.

Por investirem na certificação de seus trabalhadores, há UCs que pensam em formalizar suas atividades com o credenciamento institucional para a oferta de cursos. De acordo com Ferreira e Tarapanoff (2006, p.195), o credenciamento é dado a "uma instituição educacional que foi avaliada" e considerada "apta" de acordo com parâmetros de qualidade, podendo, a partir de então, promover suas atividades e certificar os participantes de suas ações educacionais. Meister (1999) apresenta posicionamento contrário ao credenciamento das UCs, tanto pelas burocracias pelas quais terão que se submeter, como pelo possível afastamento da organização de seus propósitos originais.

O que as empresas buscam é certificar[16]. Em torno da certificação temos diferentes situações, uma delas se refere à certificação, pelas instituições de ensino regulares (Universidades, Escolas e Escolas Técnicas),

---
[15] A certificação "é o ato ou efeito de certificar" (Ferreira, 1999, p. 309).
[16] Etimologicamente, o vocábulo certificar tem origem no latim *certificare* que significa "afirmar a certeza de; atestar" (Ferreira, 1999, p. 309).

a outra pelos órgãos formadores (Sistema S), há os organismos acreditados para certificação de pessoas e, por último, as próprias UCs.

Os aportes financeiros na educação corporativa são crescentes. Integral ou compartilhado, o investimento realizado conta, na maioria dos casos, com os próprios recursos da empresa que, sem contar com o apoio de uma agência de fomento, desenvolve programas educacionais que, muitas vezes, atingem até o Doutorado. Hoje, as atividades das empresas, direcionadas à inovação, podem concorrer a recursos públicos para subsidiar algumas ações. A verdade é que as organizações estão buscando, de certa forma, o reconhecimento de suas atividades de educação corporativa, seja com o credenciamento de seus cursos ou certificação de seus trabalhadores ou, mesmo, o próprio reconhecimento do mercado.

As discussões sobre a certificação do trabalhador tomaram proporções significativas, de tal forma que no âmbito das Oficinas de Educação Corporativa, promovidas pelo MDIC/STI, entre 2003 e 2007, sempre tiveram como tema recorrente o credenciamento e certificação do trabalhador. Talvez, a preocupação expressa nas oficinas pelas empresas não fosse tanto o credenciamento em si, mas a expectativa de reconhecimento do Governo Federal, com algum tipo de estímulo aos esforços e empreendimentos realizados na preparação de inúmeros funcionários.

Para ilustrar nosso estudo e aprofundar um pouco mais o tema certificação, resolvemos, então, perguntar às 32 UCs, participantes de nossa pesquisa, que importância tem a certificação de trabalhadores. As respostas mostraram distintas perspectivas, mas quase todas estavam preocupadas com a qualidade dos produtos e serviços prestados; em proporcionar programas educacionais que permitam aos participantes aprenderem e alcançarem melhores posicionamentos dentro da empresa; o desenvolvimento de competências etc.

Por fim, vejamos como as empresas pensam sobre a certificação:

> "– Assegura que o colaborador possui os conhecimentos específicos da função, alinhados às competências críticas do negócio, garantindo o potencial competitivo da organização".

"– Estimula o empregado no gerenciamento de carreira e no desenvolvimento pessoal e profissional".

"– Os cursos realizados são válidos como requisitos necessários ao progresso na carreira".

"– Melhor conhecimento das ofertas da empresa. Aumento na confiabilidade do cliente final na empresa que possui colaboradores certificados".

"– A certificação é utilizada para comprovar o conhecimento adquirido pelo profissional, por meio da educação, junto à instituição e à sociedade".

"– Atuamos com processos de certificação externa, por meio de entidades certificadoras, para alguns temas estratégicos; temos certificado de conhecimento interno para produtos e serviços ao cliente e, para as demais ações educacionais, procedemos apenas ao registro no currículo interno do participante".

"– Só certificamos em cursos externos. Os profissionais valorizam os certificados de instituições renomadas".

"– Valorização do profissional e preparação para ocupar cargos superiores aos atuais, plano de carreira".

"– Pelo fato de a instituição não possuir chancela para certificação (pois não é propósito de sua atividade), os certificados são conferidos pelas instituições contratadas para este fim (universidades, fundações, empresas etc.). No caso das videoconferências promovidas internamente, a instituição confere um certificado de participação, que registra as horas, temas e conteúdos do curso, mas não tem valor acadêmico. A importância desta prática dá ao participante o registro de sua participação em atividades promovidas pela instituição para fins de desenvolvimento técnico".

"– Atestar os conhecimentos adquiridos nas ações educacionais; gerar indicadores empresariais que retratem os investimentos em desenvolvimento de pessoas; identificar pessoas e conhecimentos adquiridos nas diversas áreas de conhecimento;

comprovar, junto aos clientes externos, a qualificação do corpo técnico da empresa".

"– Inserção no Plano Individual de Treinamento do funcionário (ele tem o registro de todos os cursos realizados dentro da instituição). Retenção de funcionários (o curso a distância serve como ferramenta de retenção, uma vez que é utilizado para formar os profissionais e disseminar o conhecimento)".

"– Capacitação para assumir novas funções".

Há corporativas que não se importam com a certificação externa, pois acreditam que o mercado é que dita as regras, aceitando ou não o trabalhador formado pela própria empresa. Uma das respondentes ressaltou que só são importantes "as certificações requeridas por lei".

De fato é o mercado que dita se aquela certificação tem valor ou não. É o mercado que diz se há alguma importância o fato de um trabalhador ter desempenhado suas funções nesta ou naquela empresa. As corporativas pesquisadas apresentaram um panorama muito interessante em relação a esse assunto, quando perguntamos quais instituições certificam seus cursos.

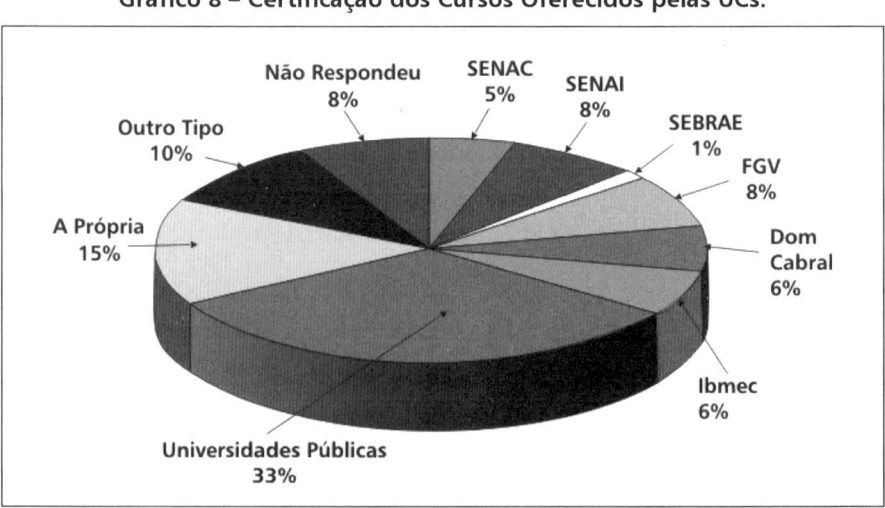

Gráfico 8 – Certificação dos Cursos Oferecidos pelas UCs.

Não Respondeu 8%
SENAC 5%
SENAI 8%
SEBRAE 1%
FGV 8%
Dom Cabral 6%
Ibmec 6%
Universidades Públicas 33%
A Própria 15%
Outro Tipo 10%

Fonte: Elaborado a partir de dados da pesquisa.

4. Certificação: Desafios das Universidades Corporativas

Como podemos observar no gráfico 8,33% dos cursos oferecidos pelas UCs são certificados pelas universidades públicas. Dentre as universidades, a mais citada é a UnB, seguida da USP e UFRJ. As demais são mencionadas apenas uma vez: UERJ, UFF, UFJF, UFMG, UFMS, UFOP e UFPR. Já 15% das certificações são realizadas pelas próprias UCs, enquanto 10% pelas escolas de governo, empresas de informática, escolas de idiomas, entidades que regulamentam determinadas profissões e universidades particulares.

Os demais percentuais foram distribuídos entre o Sistema S (SENAI – 8%, SENAC – 5% e SEBRAE – 1%), que chega a 14% dos cursos. As escolas de negócios como a FGV (8%), Ibmec (6%) e Dom Cabral (6%) somam 20%. Somente 8% das corporações não indicam quem certifica.

Uma verdade precisa ser dita: há uma carência enorme de profissionais em determinadas áreas e as empresas precisam, de alguma maneira, desses trabalhadores. São novas profissões que surgiram no mercado e que, em alguns casos, dada à especificidade desta ou daquela empresa, a própria UC se responsabiliza tanto pela formação quanto pela certificação. A revista *IstoÉ* (2007), com a matéria "Profissões de Futuro", apontou-nos a necessidade da nos prepararmos para segmentos que surgem a cada dia, tais como: tecnologia e agroenergia.

Se analisarmos mais atentamente os percentuais apresentados, então vamos verificar que 49% das certificações são realizadas por outras vias, que não passam pelas universidades nem públicas e nem privadas. A universidade tradicional tem como finalidade o ensino, a pesquisa e a extensão e, consequentemente, isto implica, também a formação de profissionais para as diversas carreiras de base técnica, científica e intelectual" (Wanderley, 2003, p. 35). Destarte, é fundamental que ela esteja próxima e atenta aos movimentos e demandas da sociedade, o que inclui o sistema produtivo.

Como Le Boterf (2003) recomenda, precisamos de profissionais que lidem com a complexidade do mundo contemporâneo, por isso a educação continuada cresce a cada dia. Também é imprescindível ser dito que a universidade tradicional tem um tempo de amadurecimento que não acompanha o ritmo frenético do mercado, mas ela não está isenta de sua responsabilidade frente às necessidades de empregados e empregadores.

Por outro lado, o sistema produtivo também precisa amadurecer determinados processos e aprender, com a universidade, sobre esse tempo de amadurecimento, pesquisa, elaboração, reflexão, crítica, acompanhamento e validação, que as instituições de ensino vivenciam.

O que precisamos é concretizar uma parceria e um compromisso, um pacto social que envolva empresas, universidades, escolas técnicas, Governo Federal e trabalhadores. Temos experimentado programas e políticas para a educação profissional, mas ainda precisamos de modelos mais próximos da realidade prática do mercado. Isso significa que precisamos de políticas específicas direcionadas às ações em espaços não-escolares, como são praticadas pelas UCs, e criar incentivos e sinergia entre todos os interessados.

Um subsistema de educação continuada, via educação corporativa, seria um marco no Brasil, os programas nasceriam de uma ação compartilhada que envolveria a criação de estruturas de certificação similares às experiências da União Europeia (UE).

4.1. A Certificação no Mercado Comum Europeu e o Caso Espanhol

Em 2007, realizamos uma incursão no Mercado Comum Europeu, visitamos o Ministério do Trabalho e Assuntos Sociais da Espanha e estivemos junto aos assessores envolvidos nas ações de certificação na Espanha e na União Europeia (UE). Tais imersão e análise documental nos ajudaram a tecer um cenário de como o tema "certificação" é tratado pelo governo e pelas empresas.

No caso da União Europeia, a educação do trabalhador acontece na esfera da educação profissional dentro de uma proposta de educação continuada. Ela é associada ao emprego, à formação de capital intelectual e à empregabilidade. A UE resolveu enfrentar as mudanças provocadas pela globalização da economia através da educação, a partir de 2000, com o objetivo de tornar-se até 2010 mais dinâmica, com capacidade para um crescimento sustentável, com mais e melhores empregos em uma sociedade coesa, (Barrichina, 2004, p. 19)[17]. No entanto, presenciando a crise mundial atual, sabemos que foi deflagrado um processo inesperado que abalou a economia de tal forma que as metas da UE deverão ser revistas para responder aos problemas em curto, médio e longo prazos: desemprego, falências etc. Esta realmente é a era das incertezas.

Então, temas como certificação, competências[18], conhecimento, financiamento de programas educacionais, aprendizagem e práticas educacionais foram e são discutidos pelos Conselhos Europeus, Comissão Europeia e Estados-membros. Uma das conquistas deste nível de interação é uma política de transparência dos certificados expedidos em qualquer Estado-membro, permitindo o livre trânsito de trabalhadores, atendendo às necessidades das empresas, portabilidade das competências profissionais e empregabilidade (Barrichina, 2004; Couso Tapia, 2004; Marchán, 2004).

Na prática, a portabilidade das competências está, essencialmente, ligada à adoção de unidades de competências[19], ou seja, com este padrão fica claro dentro da qualificação profissional que competências foram desenvolvidas, podendo, a partir da análise do certificado, identificar melhores oportunidades de posicionamento no mercado, aproveitamento de acordo com as necessidades das empresas e créditos para futuras formações. Juntamente com o certificado expedido pelo Estado-membro ao trabalhador, segue um certificado da União Europeia que o complementa com informações em todas as línguas de todos os Estados-membros.

Para que chegassem ao modelo adotado, houve uma correção de rota.

---

[17] Tradução do texto original em espanhol.
[18] Adotamos a definição de competências de Le Boterf que a traduz como o "entrecruzamento de três eixos, formados pela pessoa (sua biografia, socialização), por sua formação educacional e por sua competência profissional" (Le Boterf *apud* Fleury, 2002, p. 51).
[19] De acordo com a OIT a unidade de competência é "o conjunto de elementos afins que representam uma realização concreta, revestindo-se de um significado claro e de valor reconhecido no processo produtivo" (OIT, 2002).

Existiu um momento dentro da UE, quando se pensou em mapear as competências estratégicas de todos os Estados-membros e um certificado único a ser reconhecido, mas essa experiência fracassou. A solução encontrada foi que cada um dos seus componentes fosse responsável pela definição de suas qualificações profissionais e mapeamento de competências (Ricardo, 2007).

O modelo de certificação espanhol nos parece muito atrativo, podendo ser inspirador para as políticas públicas de educação corporativa no Brasil. Em primeiro lugar, pela parceria empresa, governo e trabalhadores; em segundo, dada a importância dos investimentos realizados na educação do trabalhador; em terceiro, pelo aspecto legal de reconhecimento da formação do trabalhador no espaço da empresa e, por último, a extensão das ações que alcançam, também, os trabalhadores desempregados (Ricardo, 2007).

A Lei Orgânica 5/2002, de 19 de junho, sobre as Qualificações e Formação Profissional, estabelece o Catálogo Nacional de Qualificações Profissionais da Espanha. A referida lei contempla a educação continuada e integra todo o território espanhol, ou seja, hoje as Comunidades Autônomas seguem o mesmo padrão de formação profissional. A referida lei reconhece e certifica as competências profissionais adquiridas por meio de processos formativos (formais e não-formais), tais como a experiência no trabalho (Ricardo, 2007).

Quanto aos investimentos em educação para o trabalho, estes são realizados dentro do subsistema de formação continuada do trabalhador, que está vinculado ao sistema de educação profissional. O padrão espanhol de formação profissional continuada pressupõe um

> conjunto de ações formativas desenvolvidas pelas empresas, trabalhadores e respectivas representações, direcionadas tanto para a melhoria de competências e qualificações como para a (re)-qualificação dos trabalhadores empregados, que permitam compatibilizar a maior competitividade das empresas com a for-

mação individual do trabalhador (Tripartita, 2007, p. 4).

As empresas e os trabalhadores participam (conjuntamente) com contribuições para o sistema de formação profissional continuada, asseguradas pela Lei de Impostos Gerais do Estado. O subsistema de formação profissional continuada foi criado pelo Decreto Real 1.046/2003, onde estão contemplados os subsídios para financiamento das ações educacionais. As contribuições para a formação profissional são quotas específicas destinadas a este fim, e separadas dos demais impostos cobrados das empresas, e não podem ser usadas para outra finalidade (Ricardo, 2007).

O princípio que rege as quotas é o da solidariedade, assim o valor da quota é de 0,7%, sendo 0,42% destinado à formação profissional continuada de trabalhadores ativos e 0,28% para a formação ocupacional de trabalhadores desempregados (Tripartita, 2007, p. 8).

E quanto mais as empresas investem em educação do trabalhador, maior é o desconto dado em relação às quotas. A estimativa para o ano de 2007 foi de 1.307.720.500 euros para o financiamento da formação profissional continuada. Anualmente as taxas de bonificação são divulgadas e a fórmula para se chegar aos valores é igual a: valor do investimento por quota do ano anterior *versus* o percentual de bonificação (de acordo com o porte da empresa).

Este contexto, no qual adentramos, reflete anos de discussão entre trabalhadores, empresas e governo. Garantir a competitividade das empresas e a empregabilidade é essencial em todo o processo de formação profissional continuada (oriunda ou não de um sistema formal ou não).

Para se alcançar uma qualificação profissional é preciso passar pela formação e se submeter a um sistema de avaliação que comprove a aquisição de competências. As ações de avaliação e certificação obedecem a uma metodologia que inicia com a orientação do candidato sobre a certificação, o processo avaliativo e à sensibilização, além da elaboração de um dossiê de competências do candidato, apresentação e submissão do candidato ao plano de avaliação e de evidências da competência, até chegar à certificação. Durante a fase de orientação, o trabalhador pode ser norteado a retornar ao processo de formação (Instituto Nacional de Qualificações, 2006).

O modelo proposto de formação continuada permite que a aprendizagem aconteça tanto nos Centros Integrados de Formação Profissional como nas empresas. A organização se torna um espaço de negociação e reconhecimento da qualificação e de (des)escolarização da aprendizagem, onde a formação se dá sob demanda dentro do sistema produtivo, e a partir de itinerários de formação e certificação de competências (Tripartita, 2007).

O grupo de trabalho do Conselho Geral de Formação Profissional para Reconhecimento, Avaliação e Certificação finalizou em 2007 seu trabalho de elaboração da lei, que reconhece as aprendizagens em espaços não-formais. Por sorte, tivemos em nossas mãos a lei. Por meio dela, os que desenvolveram competências, no espaço do trabalho ou por outras vias, poderão se submeter ao processo avaliativo individualizado. Serão considerados aspectos tais como: a confiabilidade, a objetividade e o rigor técnico. A finalidade da avaliação é a certificação parcial acumulativa ou, ao cumprir todos os requisitos, conferir a certificação profissional (Instituto Nacional de Qualificações, 2006).

Como podemos observar, o modelo espanhol nasce de um acordo entre os atores envolvidos, trabalhadores, governo e empresas, e desta parceria nasce a condução à certificação do trabalhador, por meio de um leque de alternativas e encaminhamentos que garantem a competitividade e inovação nas empresas, considerando os aspectos econômicos juntamente com os sociais.

A certificação foi incorporada de tal forma, por todos os segmentos, que não importa quem está formando, se é a universidade ou a empresa, o que importa é se o trabalhador conseguiu aprender, e mesmo que ele não cumpra todas as etapas do processo poderá sempre retornar ao ponto onde parou e ainda ser reorientado em sua formação.

A ênfase na educação do trabalhador, na Espanha, não fica restrita à escola, ou à universidade, e tampouco à empresa. As organizações são parceiras e agentes de formação a partir de uma visão estratégica coletiva. Essa naturalidade nas relações dispensa a burocracia demasiada.

4.2. Certificação, Práticas Pedagógicas e PPP

Como mencionamos no início deste capítulo, a certificação é uma preocupação para as UCs, devido ao investimento e às necessidades específicas de aprendizagem. É certo que no PPP este tema seja tratado, principalmente, quanto às práticas pedagógicas e avaliação.

Grande parte das empresas está migrando para o modelo de gestão por competências, o que tem promovido uma mudança nas organizações, que agora precisam definir as competências estratégicas, captar profissionais adequados ao novo padrão e desenvolver essas competências nos colaboradores que já pertencem aos quadros funcionais ou mesmo auxiliá-los na gestão de suas carreiras.

> É nesse contexto que o modelo tradicional de organizar o trabalho e gerenciar pessoas não está mais de acordo com a realidade das organizações. É necessário substituir, como unidade básica de gestão, o cargo pelo indivíduo. O conceito de competência e o modelo de gestão de pessoas por competência ganham impulso tanto no mundo acadêmico como no empresarial (Fleury, 2002, p. 51).

Se agora a gestão de pessoas está centrada no indivíduo, no plano de carreira, no incremento profissional e também pessoal, a educação corporativa, então, passa a promover práticas educacionais centradas no autodesenvolvimento, na autonomia, na descoberta de novos conhecimentos, pois a lógica cartesiana é estremecida pelo mundo complexo, os conteúdos dos programas educacionais são abalados, e já não podem ser aplicados em separado, como antes, pois estão entrelaçados e, mesmo amanhã, logo estarão superados. O trabalhador precisa ser estimulado para atender às requisições profissionais, pessoais, sociais.

A memorização e o prato de conteúdos até então tragados perdem o sentido.

Já saímos dos modelos de fábricas de conteúdos, dos conteúdos de prateleira, agora no mundo complexo estamos (des)construindo antigos formatos de aprendizagem e estabelecendo redes de interação, descobrindo as construções coletivas, e também as autorias, estamos personalizando a aprendizagem, nos centrando no indivíduo e reagindo contra a massificação do saber. Dessa forma, o planejamento educacional que antes era centrado no conteúdo precisa ser revisto. A ótica, agora, é a pedagogia, a ação educacional, as práticas, a inovação das metodologias, a tecnologia humanizada, as novas formas de avaliar e pensar o currículo.

O foco da aprendizagem se desloca do conteúdo para a competência, das disciplinas para os itinerários de formação, há a valorização do homem enquanto produtor de conhecimento em vez do homem reprodutor de rotinas, do trabalhador/aluno como *tábula rasa* passamos para a valorização de seus históricos profissionais e pessoais.

Toda esta (re)ação é contrária às caixinhas de conhecimento, repletas de conteúdos sem sentido, desconexos da vida prática. Somos oriundos de uma pedagogia da transmissão, hoje, obsoleta (ou quase). Estamos aprendendo a contextualizar, problematizar, humanizar e refletir sobre nossas ações educacionais e nossa forma de apreender.

Se o currículo não é o mesmo, e a forma de aprender é outra, é justo que a intervenção pedagógica seja compartilhada e que a gestão educacional democrática seja negociada entre todos os participantes. As metodologias, por conseguinte, podem promover a participação do indivíduo na esfera da empresa e da sociedade de forma consciente, ética e responsável, agente de mudança, cônscio de seu papel no contexto econômico, político e social.

A certificação, portanto, é apenas uma etapa de um longo e difícil caminho que ainda está sendo estruturado para dar conta de tantas mutações na forma de produção, de entendimento da participação do homem na sociedade, das descobertas de como o homem aprende e exerce sua profissão. A certificação como avaliação pode ser encarada como uma etapa da aprendizagem, que reforça ou corrige o percurso, mas nunca pode ser vista isoladamente, tratada como algo que está descompromissado das escolhas educacionais ou mesmo fora de um determinado contexto histórico e social.

Assim, sugerimos que no PPP (ou PPE) o tema certificação seja visto com mais profundidade. Avaliar precisa ser mais do que realizar avaliações de reação ou verificação da aprendizagem, com testes, provas etc., mas de forma criativa, entrar na dimensão qualitativa e tornar o trabalhador um ator do seu próprio processo de avaliação e certificação.

5
CONCLUSÕES

O estudo realizado para a concretização desta obra nos levou a diversos caminhos. Primeiro, o do entendimento da complexidade do mundo contemporâneo e suas implicações para a compreensão do homem e da construção do conhecimento. Nada mais desafiador do que pensar complexamente em um mundo cuja forma de olhar o mundo, o conhecimento e a produção humana de forma linear, cartesiana seja distante da realidade, entremeada de redes de sentido.

Não bastasse a complexidade da sociedade, ainda nos deparamos com um mundo globalizado, no qual a instantaneidade e a simultaneidade tomam conta dos espaços virtuais repletos de interatividade e hipertextualidade. Tanta tecnologia e tanta informação, que o aqui e agora são transformados em conhecimento pelas pessoas, têm valor "hoje", mas depois de minutos já estão defasados.

Como pensar a educação neste mundo? Como enfrentar as resmas de um pensamento construído a partir das recepções acríticas e desconexas? Uma educação para a Era do Conhecimento, capaz de estimular homens e mulheres, trabalhadores a trabalharem em organizações centradas no conhecimento e na aprendizagem? Estas foram as provocações que enfrentamos.

O caminho que encontramos foi o questionamento incessante, incapaz de se concluir, pois entramos em uma aventura que nunca chegará ao fim: aprender! Estamos sempre aprendendo, sempre construindo, desconstruindo, inventando, criando, descortinando e experimentando novas realidades, novos cenários, o imprevisível, as mutações! Somos pessoas que mudam, e como é bom mudar! Descortinar talentos, vencer os temores, descobrir o criador, o autor que está presente em cada um de nós.

As empresas estão experimentando suas práticas pedagógicas, e o fazem no dia a dia, em meio às transformações econômicas, sociais, políticas e históricas. Este não é um momento para condenar, mas para estimular a criação de espaços éticos de aprendizagem que sejam capazes de auxiliar o homem a pensar complexamente em meio ao mundo globalizado, ajudando a sermos melhores do que somos. Queremos práticas educacionais amorosas! Um professor deve respeitar seu aluno, estimulá-lo, auxiliá-lo em suas descobertas, dar ele o direito da dúvida e, também, a certeza de que ele sempre terá que buscar suas próprias respostas.

A inovação? Sim, as empresas querem inovar, mas é preciso estimular a autoria, a criação, o espírito inventivo, melhorar a autoestima de inúmeros profissionais para que se percebam enquanto indivíduos. Uma educação complexa... Uma educação humanizada... Educação. Lápis, papel, tinta, ar, espaço etc., e mais boa vontade, amor, indagação, liberdade, autonomia, tudo isso junto e mais, tudo aquilo que nos ajuda a criar, recriar, desconstruir e reconstruir, todos estes ingredientes e tantos outros que nos fazem dar asas ao nosso espírito criativo e nos fazem inovar. Se as empresas querem produzir conhecimento, agregar valor e competir com vantagem, então não será possível mais produzir trabalhadores reprodutores. Que venham os trabalhadores do conhecimento, (des)construtores, renovados e transformados.

Ensinar conteúdos ou desenvolver competências? Preferimos uma educação justa, planejada, centrada no aluno e no seu contexto; desenvolver seus talentos, valorizando sua experiência e sua prática e não mais concentrar esforços para saber se ele memorizou tudo que aprendeu. A certificação do trabalhador é apenas uma etapa do processo de aprendizagem, pois como seres inacabados podemos a todo tempo avaliar e (re)avaliar, aprender a aprender. Mas, nada disso terá sucesso sem que se realize um bom planejamento. Um PPP ou PPE pode e deve ser visto como um elemento facilitador da gestão educacional e onde criamos um espaço de interlocução, de trocas, de compartilhamento de ideias, concepções, filosofias em torno da aprendizagem. O para quem? Para quê? Por quê? Como? E outras questões.

Assim como a empresa precisa planejar suas ações educacionais e estar atenta às suas ações, as instituições de ensino, em geral, também precisam rever suas metas, suas missões, enfim, reinventar a prática, pois na Era do Conhecimento a aprendizagem está centrada no indivíduo e nas suas possibilidades de interação, de formação de redes de conhecimento, do estar junto. Os estudos sobre aprendizagem ganham mais força com a aliança entre a empresa e instituições de ensino. Cada uma constrói um tipo de conhecimento e uma depende da outra.

E para finalizar este livro, gostaríamos de relatar um pouco sobre sua construção. Depois de organizar três livros sobre o tema "Educação Corporativa", certamente alguns conceitos que já estavam consolidados foram revisitados e realinhados. Mas, nada tão importante como a construção autoral.

Seria inútil estimular o processo autoral do trabalhador, sem que a experiência concreta da busca, das dúvidas, dos medos e bloqueios fosse vivenciada por nós. Escrevemos diversos artigos anteriores a este livro e todos sobre educação e, agora, passados os primeiros anos da primeira obra, sabemos que esta foi a escolha certa. Nunca buscamos o discurso vazio, mas adotamos vivenciar a nossa proposta pedagógica na sala de aula empresarial e na acadêmica.

A coerência, às vezes, assusta, mas é necessária. Por isso, como a autoria requer do autor a responsabilidade sobre seu discurso e ainda que ele retrate seu momento histórico e social, podemos dizer que:

- Acreditamos em uma educação que valoriza o indivíduo e estimula sua criatividade, autonomia e autoria.
- Cremos que a empresa é um espaço de aprendizagem e que, por isso, precisa ser olhada sem preconceitos.

- As universidades e escolas podem auxiliar, e muito, na educação do trabalhador.
- As corporações, universidades e governo precisam aprender a caminhar juntos.
- A educação corporativa é possível, desde que realizada através de profissionais sérios e capacitados e instituições responsáveis e comprometidas com os trabalhadores.
- Reafirmamos que a tecnologia pode contribuir, e muito, com a educação corporativa e auxiliar no avanço das Universidades Corporativas, desde que seja usada com consciência, sem massificação ou de forma desordenada.
- Não há como pensar em construir ações educacionais sem planejar.
- Não há inovação sem que o trabalhador seja desperto para o seu poder de criação.
- As práticas pedagógicas inovadoras promovem uma aprendizagem autoral, reflexiva, questionadora, reveladora, crítica e contextualizada.
- Só uma prática educativa amorosa é capaz de humanizar as relações entre as corporações e os trabalhadores.

Saudamos Paulo Freire!

Parabéns a todas as instituições que foram amorosas e nos auxiliaram em nossa construção autoral!

Eleonora Jorge Ricardo

REFERÊNCIAS BIBLIOGRÁFICAS

AGUIAR, A. C. *As atividades de educação corporativa no Brasil: análise das informações coletadas em 2006.* Belo Horizonte, 2006. (Relatório de pesquisa, MDIC/STI/CNPq.)

ALBINO, S. de F.; RAMOS, E. M. F. *A produção de textos tradicional × editor de textos cooperativo: implicações e reflexões.* Disponível em: <http://www.inf.ufsc.br/~edla/publicacoes/ArtigoEcotroProfesJuntoComSirlei.doc>. Acesso em: 20 de março de 2005.

ALMEIDA, M. I. R.; FISCHMANN, A. A. *Planejamento estratégico na prática.* 2ª ed. São Paulo: Atlas, 2009.

ALVES-MAZZOTTI, A. J.; GEWANDSZNAJDER, F. *O método nas ciências naturais e sociais: pesquisas quantitativa e qualitativa.* São Paulo: Pioneira, 2000.

ANDE et al. *Planejamento de ensino e avaliação.* 11ª ed. Porto Alegre: Sagra-DC Luzzatto, 1995.

ARAÚJO FILHO, G. F. *A criatividade corporativa: na era dos resultados.* Rio de Janeiro: Moderna, 2003.

ARETIO, L. G. *Para uma definição de educação a distância.* In: LOBO NETO, F. J. S. (Org.) *Educação a distância: referências & trajetórias.* Rio de Janeiro: ABT, 2001, p. 21-32.

BABER, R.; PAFAFFENBERGER, B. e MEYER, M. *Nosso futuro é o computador.* 3ª ed. Porto Alegre: UFRGS, Bookman, 2000.

BALIBAR, F. *Einstein: o prazer de pensar.* Rio de Janeiro: Objetiva, 2008.

BARBOSA, R. M. Apresentação. *In:* BARBOSA, R. M. (Org.) *Ambientes virtuais de aprendizagem.* Porto Alegre: Artmed, 2005, p. 13-16.

BARRACHINA ROS, M. Palestra de inauguração. ENCONTRO FORMAÇÃO CONTINUADA: COMPETITIVIDADE E COESÃO SOCIAL, 2003, San Lorenzo de el Escorial. *Livro de Atas*. Madrid: Fundación Tripartita, 2004, p. 19-22.

BELLONI, M. L. *Educação a distância*. Campinas: Autores Associados, 2001.

BORGES, M. R. S.; CAMPOS, F. C. A.; SANTORO, F. M. e SANTOS, N. *Cooperação e aprendizagem on-line*. Rio de Janeiro: DP&A, 2003.

CANDAU, V. M. A didática e a formação de educadores da exaltação à negação: a busca da relevância. *In.:* CANDAU, V. M. (Org.). *A didática em questão*. Petrópolis: Vozes, 2008, p. 13-24.

CARDOSO, S. H. *Por que Einstein foi um gênio?* Disponível em: < http://www.cerebromente.org.br/n11/mente/eisntein/einstein-p.htm>. Acessado em 10 de março de 2009.

CASSANY, D. *Decálogo didáctico de la enseñanza de la composición*. Disponível em: <http://sedll.org/doc-es/publicaciones/glosas/n4/danielcass.html>. Acesso em: 14 de novembro de 2004.

CAVALCANTE, M. C. B. Mapeamento e produção de sentido: os links no hipertexto. *In:* MARCUSCHI, L. e XAVIER, A. C. (Org.) *Hipertexto e gêneros digitais*. Rio de Janeiro: Lucerna, 2004, p. 163-169.

COSTA, R. *A cultura digital*. São Paulo: Publifolha, 2002.

COUSO TAPIA, I. Palestra de inauguração. ENCONTRO FORMAÇÃO CONTINUADA: COMPETITIVIDADE E COESÃO SOCIAL, 2003, San Lorenzo de el Escorial. *Livro de Atas*. Madrid, Fundación Tripartita, 2004, p.13-17.

DELVAL, J. O conhecimento, um processo de criação. *In.:* SEBARROJA CARBONEL, J. (Org.). *Pedagogias do século XX*. Porto Alegre: Artmed, 2003.

DREIFUSS, R. A. *A época das perplexidades: mundialização, globalização e planetarização: novos desafios*. Petrópolis: Vozes, 2000.

ECO, Humberto. *Obra aberta*. 8ª ed. São Paulo: Perspectiva, 2001.

ESPAÑA. Fundación Tripartita. *Sistema de Formación Profesional en España*. Madrid: Tripartita, 2007.

EXAME VOCÊ S/A. *150 melhores empresas para você trabalhar.* 9ª ed. São Paulo: Abril, 2005.

EXAME VOCÊ S/A. *150 melhores empresas para você trabalhar.* 10ª ed. São Paulo: Abril, 2006.

EXAME VOCÊ S/A. *150 melhores empresas para você trabalhar.* s/a. 11ª ed. São Paulo: Abril, 2007.

EXAME VOCÊ S/A. *150 melhores empresas para você trabalhar.* s/a. 12ª ed. São Paulo: Abril, 2008.

EXAME VOCÊ S/A. *150 melhores empresas para você trabalhar.* s/a. 13ª ed. São Paulo: Abril, 2009.

FERNÁNDEZ, A. *O saber em jogo: a Psicopedagogia propiciando autorias de pensamento.* Porto Alegre: Artmed, 2001.

FERNÁNDEZ ARENAZ, A.; GAIRÍN SALLÁN, J. e TEJEDA FERNÁNDEZ, J. *El proceso de aprendizaje en el adulto.* Madrid: ED, 1990.

FERREIRA, A. B. de H. *Novo Aurélio século XXI: o dicionário da Língua Portuguesa.* Rio de Janeiro: Nova Fronteira, 1999.

FERREIRA, J. R. e TARAPANOFF, K. Aprendizado organizacional: panorama da educação corporativa no contexto internacional. *In.:* TARAPANOFF, K. (Org.). *Inteligência, informação e conhecimento.* Brasília: IBICT/UNESCO, 2006.

FLEURY, M. T. L. A gestão de competência e a estratégia organizacional. *In.:* FLEURY, M. T. L (Org.). *As pessoas na organização.* São Paulo: Gente, 2002, p. 51-61.

FORTUNATO, M. V. *Autoria sob a materialidade do discurso.* Dissertação (Mestrado em Educação) – Universidade de São Paulo, São Paulo, 2003. Arquivo em pdf.

FOUCAULT, M. *O que é um autor.* Lisboa: Vega, 1992.

_____. *A ordem do discurso.* São Paulo: Loyola, 2004.

FREIRE, P. *Pedagogia da autonomia.* Rio de Janeiro: Paz e Terra, 2004.

_____. *Política e educação.* São Paulo: Cortez, 2001.

GADOTTI, M. *Pensamento pedagógico brasileiro.* Rio de Janeiro: Ática, 2006.

_____. *Lições de Freire.* Disponível em: < http://www.scielo.br/scielo.php?pid=S0102-25551997000100002&script=sci_-arttext&tlng=en>. Acessado em: 20 de março de 2009.

GONZALO MUÑOZ, V. *La educación para el empleo: un critério pedagógico para la formación.* Salamanca: Témpora, 2005.

HARGREAVES, A. *O ensino na sociedade do conhecimento: educação na era da insegurança.* Porto Alegre: Artmed, 2004.

HILL, W. *Aprendizagem.* 3ª ed. Rio de Janeiro: Guanabara Dois, 1981.

INSTITUTO MONITOR (Brasil). *Anuário brasileiro estatístico de educação aberta e a distância – ABRAEAD.* São Paulo, 2007.

INSTITUTO NACIONAL DE QUALIFICAÇÕES (Espanha). *Catálogo Nacional de Qualificações Profissionais.* Madri: Ministério da Educação e Ciência, 2007.

JORDÃO, C. Profissões de Futuro. *IstoÉ*, São Paulo, ano 30, nº 1976, p. 48-59, setembro de 2007.

LE BOTERF, G. *Desenvolvendo a competência dos profissionais.* Porto Alegre: Artmed, 2003.

LEMOS, A. *Anjos interativos e retribalização do mundo: sobre interatividade e interfaces digitais.* Disponível em: <http://www.facom.-ufba.br/ciberpesquisa/lemos/interativo.pdf >. Acesso em 10 de março de 2005.

LEVY, P. *A inteligência coletiva.* 3ª ed. São Paulo: Loyola, 1999.

MAÇADA, D.; MARASCHIN, C. e SATO, L. S. *Tecendo um texto coletivo: uma experiência colaborativa/cooperativa.* Disponível em <http://hera.nied.unicamp.br/oea/pub/art/tecendo_texto_lec_2000.pdf> . Acesso em: 20 de março de 2005.

MACHADO, A. M. N. A relação entre a autoria e a orientação no processo de elaboração de teses e dissertações. *In:* BIANCHETTI, L. e MACHADO, A. M. N. (Org.). *A bússola do escrever: desafios e estratégias na orientação de teses e dissertações.* Florianópolis/São Paulo: UFSC/Cortez, 2002, p. 44-65.

MARCHÁN, G. Palestra de inauguração. ENCONTRO FORMAÇÃO CONTINUADA: COMPETITIVIDADE E COESÃO SOCIAL, 2003, San Lorenzo de el Escorial. *Livro de Atas.* Madrid, Fundación Tripartita, 2004, p. 23-29.

McLUAN, S. e STAINES, D. (Orgs.). *McLuan por McLuan: conferências e entrevistas.* Rio de Janeiro: Ediouro, 2005.

MEISTER, J. C. *Educação corporativa: a gestão do capital intelectual através das universidades corporativas.* São Paulo: Makron Books, 1999.

MORIN, E. *A cabeça bem feita: repensar a reforma, reformar o pensamento.* 12ª ed. Rio de Janeiro: Bernadete Brasil, 2006.

ORGANIZAÇÃO INTERNACIONAL DO TRABALHO (Brasil). *Glossário de termos técnicos de certificação e avaliação de competências.* Brasília, 2002.

OSTROWER, F. *Criatividade e processos de criação.* Petrópolis: Vozes, 2004.

PALLOFF, R. M. e PRATT, K. *Construindo comunidades de aprendizagem no ciberespaço: estratégias eficientes para salas de aula on-line.* Porto Alegre: Artmed, 2002.

_____. *O aluno virtual: um guia para trabalhar com estudante on-line.* Porto Alegre: Artmed, 2004.

PLAZA, J. *Arte e interatividade: autor-obra-recepção.* Disponível em: <http://wawrwt.iar.unicamp.br/textos/texto26.htm>. Acesso em: 20 de abril de 2004.

PRIMO, A. F. T. *Quão interativo é o hipertexto: da interface potencial à escrita coletiva.* Disponível em: <http://www.comunica.unisinos.br/tics/textos/2002/T7G4.PDF >. Acesso em: 10 de março de 2005.

RAMAL, A. C. *Educação na cibercultura: hipertextualidade, leitura, escrita e aprendizagem.* Porto Alegre: Artmed, 2002.

REGO, T. C. *Vygotsky: uma perspectiva histórico-cultural da educação.* 15ª ed. Petrópolis: Vozes, 2003.

RIBEIRO, A. E. **A.** *Pedagogia empresarial: atuação do pedagogo na empresa.* Rio de Janeiro: Wark, 2003.

RICARDO, E. J. Sala de aula virtual: um espaço de construção da autoria?2005.235f. Dissertação (Mestrado em Educação) – Universidade Estácio de Sá, Rio de Janeiro, 2005.

_____. *As tendências e perspectivas da Educação Corporativa no Brasil.* Rio de Janeiro, 2007. (Relatório de pesquisa, MDIC/STI/CNPq.)

ROMÁN PÉREZ, M. *Sociedad del conocimiento y refundación de la escuela desde el aula.* Sevilla: EOS, 2005.

SANTOS, M. do C. O. T. *Retratos da escrita na universidade.* Maringá: Eduem, 2003.

SENGE, P. M. *A quinta disciplina: arte e prática da organização de aprendizagem.* 16ª ed. São Paulo: Best Seller, 2004.

SILVA, L. C. M. da e ZABOT, J. B. M. *Gestão do conhecimento: aprendizagem e tecnologia construindo a inteligência coletiva.* São Paulo: Atlas, 2002.

SILVA, M. *Sala de aula interativa.* 3ª ed. Rio de Janeiro: Quartet, 2002.

SOUZA, O. de. *Autoria em textos escolares: a cultura da punição.* Disponível em: <http://www.anped.org.br/26/trabalhos/osmardesouza.rtf>. Acesso em: 10 de outubro de 2004.

TRIVINHO, E. *O mal-estar da teoria: a condição da crítica na sociedade tecnológica atual.* São Paulo: Quartet, 2001.

VEIGA, I. P. A. Projeto político-pedagógico da escola: uma construção possível. *In.:* VEIGA, I. P. A. (Org.). *As dimensões do projeto político-pedagógico.* Campinas: Papirus, 2006, p. 11-35.

VEJA, *Educação corporativa é a chave para crescer na carreira.* Disponível em: <http://veja.abril.com.br/noticia/brasil/educacao-universidade-corporativa-accor-cpfl-carreira-468657.shtml>. Acesso em: 15 de maio de 2009.

WANDELLI, R. *Leituras do hipertexto: viagem ao Dicionário Kazar.* Florianópolis/São Paulo: UFSC/Imprensa Oficial, 2003.

WANDERLEY, L. E. W. *O que é universidade.* 9ª ed. São Paulo: Brasiliense, 2003.

WIKIPEDIA, Einstein. Disponível em: < http://pt.wikipedia.org/wiki/Albert_Einstein>. Acesso em: 15 de maio de 2009.

YALLI, J. S. *Educação a distância. Tecnologia educacional.* Rio de Janeiro, ano 24, nº 123/124, p. 37-41, mar./jun. de 1995.

Outros Títulos Sugeridos

Educação Corporativa e Educação a Distância

Autora: Eleonora Jorge Ricardo
Nº de Páginas: 272
Formato: 16x23cm

A organizadora tem por objetivo apresentar aos leitores experiências vividas durante a implantação, desenvolvimento e acompanhamento de cursos a distância em ambientes corporativos.

O livro é uma coletânea que mostra a importância da educação a distância e da educação corporativa, além de apresentar o sucesso e repercussão das experiências e ferramentas tecnológicas utilizadas nos âmbitos institucionais e profissionais.

• •

Educação Corporativa
Fundamentos e Práticas

Autoras: Eleonora Jorge Ricardo e
           Ana Paula Freitas Mundim
Nº de Páginas: 184
Formato: 16x23cm

Esta coletânea de artigos, organizada por Ana Paula Freitas Mundim e Eleonora Jorge Ricardo, navega desde a teoria até a prática, com apresentação de casos sobre implantação de projetos de educação corporativa. Com uma linguagem clara e objetiva, os textos permitem que o leitor tenha uma visão de impacto, própria do conceito de educação corporativa no nível de competividade das empresas.

QUALITYMARK EDITORA

Entre em sintonia com o mundo

QualityPhone:

0800-0263311

Ligação gratuita

Qualitymark Editora
Rua Teixeira Júnior, 441 – São Cristóvão
20921-405 – Rio de Janeiro – RJ
Tels.: (21) 3094-8400/3295-9800
Fax: (21) 3295-9824
www.qualitymark.com.br
e-mail: quality@qualitymark.com.br

Dados Técnicos:

• Formato:	16 x 23 cm
• Mancha:	12 x 19 cm
• Fonte Títulos:	Humnst777 BT
• Fonte Texto:	Life BT
• Corpo:	11
• Entrelinha:	14,5
• Total de Páginas:	120
• 1ª Edição:	2009
• 1ª Reimpressão:	2012